国宝档案

National Treasure Archive

《国宝档案》栏目组 编著

[伍]

中国出版集团 | 全国百佳图书

中国民主法制出版社 | 出版单位

图书在版编目（CIP）数据

国宝档案.古籍古建筑遗址壁画案/中央电视台《国宝档案》栏目组编著.—北京：中国民主法制出版社，2018.3

ISBN 978-7-5162-1514-2

Ⅰ.①国…　Ⅱ.①中…　Ⅲ.①文物—介绍—中国②古籍—介绍—中国③古建筑遗址—介绍—中国④壁画—介绍—中国—古代　Ⅳ.①K87

中国版本图书馆CIP数据核字（2018）第041835号

图书出品人 / 刘海涛
出版统筹 / 乔先彪
责任编辑 / 赵卜慧　庞贺鑫　张　霞

书名 / 国宝档案.古籍古建筑遗址壁画案
作者 / 中央电视台《国宝档案》栏目组　编著

出版·发行 / 中国民主法制出版社
地址 / 北京市丰台区右安门外玉林里7号（100069）
电话 / （010）63292534　63057714（发行部）　63055259（总编室）
传真 / （010）63056975　63055378
http: //www.npcpub.com
E-mail: mzfz@npcpub.com
经销 / 新华书店
开本 / 16开　710毫米×1000毫米
印张 / 14.75
字数 / 153千字
版本 / 2018年4月第1版　　2018年4月第1次印刷
印刷 / 北京新华印刷有限公司

书号 / ISBN 978-7-5162-1514-2
定价 / 60.00元
出版声明 / 版权所有，侵权必究。

国宝档案

古籍

四库全书

清朝的《四库全书》，是中国文化史上一部洋洋洒洒的鸿篇巨作，堪称空前绝后。几百年来，围绕着《四库全书》的故事也是充满了坎坷传奇和悲欢离合……

在中国国家图书馆的善本库，我们见到了这部著名的《四库全书》。《四库全书》分为经、史、字、集四部，每部书都采用不同的颜色，象征春、夏、秋、冬四季。经书居典籍之首，如同新春伊始，标以绿色；史部著作繁盛，如盛夏之火，标以红色；子部采集百家，犹如秋收，取蓝白色；集部文稿荟萃，好比冬藏，标以灰色。

《四库全书》内容包括从中国先秦到清朝乾隆两千多年所有的重要古籍，涵盖了古代中国的几乎各个领域，除了《论语》《春秋》《史记》《资治通鉴》《孙子兵法》《本草纲目》等经典著作外，还有日本、朝鲜、越南、印度以及来华欧洲传教士的一些著作，可谓包罗万象。

《四库全书》是中国古代规模最大的丛书，那么它到底有多大呢？有人做过这样的假设，如果说一个人从出生那天开始读《四库全书》，每天读10小时，每小时读3000字，一天也不间断，一直读到他80岁，也未必能把这部《四库全书》读完！

　　这样一部洋洋洒洒鸿篇巨作的发起者就是中国清朝的乾隆皇帝。

　　乾隆是中国历史上一位颇有作为的皇帝，他将中国封建社会最后一个鼎盛时期——"康乾盛世"推向了顶峰。乾隆皇帝对自己一生的政绩非常满意，他常自称为"十全老人"，而把自己对边疆等地的用兵更是称为"十全武功"。

　　已经"十全武功"的乾隆自然在文治上也不甘人后。盛世修书是中国历史上的传统，明朝永乐皇帝就曾编写了《永乐大典》、乾隆的爷爷康熙曾编写过《古今图书集成》。

　　那么，耗费巨大人力、物力、财力编写《四库全书》，仅仅是乾隆皇帝不甘屈居前人之后而一时冲动作出的决定吗？其实，《四库全书》的诞生与乾隆进行的禁书有着直接关系。

　　清朝的统治者是来自东北的满族人，虽然他们后来依靠武力统一了中国、成为了中原大地的统治者，但是在汉族知识分子眼中，这些统治者与落后的蛮夷没有多大差别。

　　许多汉族知识分子仍然怀念故国，在他们的著述中常常流露出对灭亡的明王朝的思念。

　　清朝康熙二年（1663年）的一天，在早朝之上，有官员向朝廷告发，浙江湖州有个文人叫庄廷鑨，他招集文人编辑过一本《明史》，在这本书里有大量攻击清朝统治者的语句，还使用亡明的年号。

　　有大臣认为，这些汉族知识分子掌握着当时社会的舆论，

名称：四库全书
年代：清乾隆年间
数量：收书共 3461 种
　　　共 79039 卷
　　　总字数约 8 亿字
级别：国家一级古籍
现藏：中国国家图书馆

如果不加以制止的话，将会动摇清朝的统治。

这时候，虽然庄廷鑨早已去世，但是，朝廷仍然下令，将庄廷鑨开棺戮尸。同时，庄家和其他参与编订《明史》的人员中年满 15 岁以上的男子统统处死，剩下的人发配充军。在这场浩劫中，被处死的人多达 70 多人。

庄廷鑨案轰动了当时的中国，这在一定程度上控制了当时文人的言行；雍正皇帝即位之后，对汉族知识分子的监视和镇压变本加厉，文字狱案更是层出不穷，使得人心惶惶。

乾隆皇帝即位以后，他觉得光靠镇压并不能从根本上解决问题，统治阶级应该融入中华文化之中。于是，乾隆决定编一部丛书，既可以开博学鸿词科以征召名士，收买人心，又可以将那些有利于统治的言论和书籍广加传播，把那些不利的书籍排除在舆论主流之外。于是，一场历时 15 年的《四库全书》编写工作在乾隆皇帝的一声令下开始了……

乾隆首先要做的就是收集图书，他颁诏下令省级官员征集本省的各类图书，上交中央，编著图书。奇怪的是，各省官员并没有将乾隆皇帝的圣旨当作一回事，一年过去了，《四库全书》馆竟然没有收到几部地方官员上交的图书……

乾隆三十八年（1773 年）三月二十八日，乾隆皇帝又一次下诏，限定在半年之内，各省督抚将民间图书搜求完毕，不得延误。

同时，为了使图书收集工作能够顺利进行下去，乾隆采取了奖罚分明的政策。为了表彰进书者，规定：凡进书 500

种以上者，赐《古今图书集成》一部；进书 100 种以上者，赐《佩文韵府》一部，而且，进书者还可以选择自己的一本精良的书籍，由乾隆皇帝亲笔在上面题词，以示恩宠。

这极大地调动了藏书者献书的积极性，面对乾隆皇帝在这次诏书中的坚决态度，各地官员也不敢再怠慢，很快，大批的图书陆续由各地官员上交朝廷。整个征书工作从乾隆三十七年（1772 年）开始，至乾隆四十三年（1778 年）结束，历时 7 年之久。

乾隆为这部图书赐名为《四库全书》，"四库"之名，源于初唐，初唐官方藏书分为经史子集四个书库，号称"四部库书"，或"四库之书"。经史子集四分法是古代图书分类的主要方法，基本上囊括了古代所有图书。政治、经济、科技、哲学、天文地理、算学、医学以及文学艺术等等不一而足，故称"全书"。

收集图书的工作完成了，然而，这么一部"庞大"的图书绝不是一人一力一时所能完成，乾隆还要选派得力人选编纂此书，这其中就有乾隆最宠爱的著名大学士纪晓岚。

随着近些年来清宫戏在荧屏上的热播，纪晓岚一下子成了家喻户晓的人物。这位乾隆年间的大学士，没想到时隔 200 年后又"火"了一把。然而历史上真正的纪晓岚和电视剧中的纪晓岚还是有差距的。

纪晓岚，名昀，字晓岚，今河北献县人。据史书记载，纪晓岚"貌寝短视"。所谓"貌寝"，就是相貌丑陋；所谓"短视"，就是近视眼，同时纪晓岚还有口吃的毛病。

纪晓岚从 4 岁起开始读书求学，因过目不忘、才思敏捷被称为"神童"；24 岁那年，他在顺天乡试中一举夺魁；7 年之后，又中进士，步入了人才济济的清朝翰林院。

　　起初，他的仕宦生涯可谓春风得意，一路高升，成为当朝文学重臣之一。但是乾隆三十三年（1768 年），却因向姻亲走漏朝廷消息，纪晓岚被流放新疆"效力赎罪"。

　　纪晓岚的仕途似乎就此终结，岂料峰回路转，因为编纂《四库全书》的需要，在大臣的保举下，乾隆再次启用纪晓岚，并委以《四库全书》总纂官这一重要职务。

　　纪晓岚因为其学富五车、博览群书，精通经、史、子、集而赢得了乾隆皇帝的信任，纪晓岚也没有辜负乾隆帝和众人对他的期待，他入主四库全书馆，殚精竭虑 10 余年，为《四库全书》作出了重要贡献。

　　相传一天，正值盛夏，纪晓岚与大家在书馆编纂《四库全书》，由于天气实在太热了，纪晓岚就打着赤膊坐在案前。这时，突然一声"皇上驾到"把大家吓了一跳，原来，乾隆来查看《四库全书》的编纂情况了。

　　衣冠不整见驾可是欺君之罪，更何况纪晓岚这副模样！他慌得连忙钻进桌子底下躲避。其实乾隆早就看到纪晓岚了，他故意向左右摆手示意大家继续工作，自己就在纪晓岚藏身的桌旁坐下来。

　　时间长了，桌下的纪晓岚闷热难当，他听听外面鸦雀无声，便低声问道："老头子走了没有？"乾隆心里又好气又好笑，故意喝道："放肆！谁在这里？还不快滚出来！"

　　纪晓岚没法，只好爬出来跪在地上。乾隆说："你为什么叫我老头子？讲得有理就饶你，否则杀了你。"

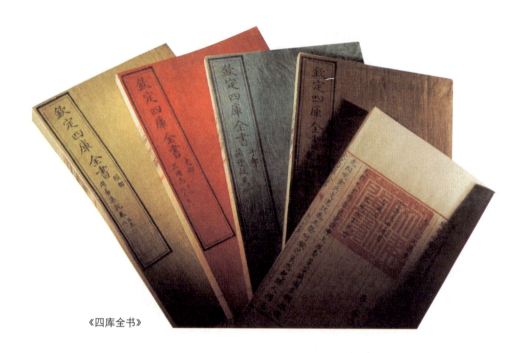

《四库全书》

纪晓岚灵机一动，不慌不忙地答道："陛下是万岁，应该称'老'；尊为君王，举国之首，万民仰戴，当然是'头'；子者，'天之骄子'也。呼'老头子'乃至尊之称，天下也只有皇帝配此称呼啊。"

乾隆一听，哈哈大笑，他赞叹纪晓岚才思敏捷，机智可嘉，便恕他无罪。

《四库全书》是集体智慧的结晶，其中有人擅长考证，见解独到；有人记忆力惊人，无论被问到什么事，都能随口答出在哪本书哪一页，令人称奇。因为《四库全书》数量庞大，采用雕版印刷的话，费时、费力且费用巨大，于是四库全书馆报请乾隆后决定采用人工手抄的办法。每一位抄写者都相当不得了。

抄写人员起初由保举而来，后来，朝廷发现这种方法有行贿、受贿等弊病，所以改为考查，具体做法是：先出告示，应征者报名后，令其当场写字数行，观其字迹端正与否，择优录取。

这样，朝廷先后选拔了3800多人抄写《四库全书》。为了保证进度，朝廷还规定了抄写定额：每人每天抄写1000字，每年抄写33万字，5年限抄180万字。

抄写200万字者，列为一等；抄写165万字者，列为二等。按照等级，分别授予州同、州判、县丞、主簿等四种官职。

但是，如果发现字体不工整者，记过一次，罚多写10000字。由于措施得力，赏罚分明，所以《四库全书》的抄写工作进展顺利，每天都有600人从事抄写工作，至少可抄60余万字。《四库全书》采用上等开化纸，印有朱丝栏，每半页8行，大字占一行，注文等小字抄成双行28个字，用正楷抄写。

乾隆皇帝对于《四库全书》的进展总是非常关注，经常来书馆进行视察。有趣的是，乾隆每次来都能发现问题，不是错字，就是漏字等，原来，许多人都是在乾隆皇帝来视察时故意犯错的，因为找出错误，就可以显出皇帝的圣明。

纪晓岚带领近400人，历时10多年终于编修好了庞大的《四库全书》。《四库全书》包含3461种书目，79039卷，总字数8亿字左右，可谓中国超级文化大典。

《四库全书》编纂好后，乾隆皇帝决定先抄写四部，分别放在北京故宫的文渊阁、京郊圆明园的文源阁、承德避暑山庄的文津阁、沈阳故宫的文溯阁，这四阁都建在皇宫及离宫别墅之中，为的是方便乾隆随时随地调阅，故称内廷四阁，又叫北四阁。

后来又抄写了三部，放在扬州文汇阁、镇江文宗阁和杭州文澜阁珍藏，这就是所谓"南三阁"。

耗时耗力的《四库全书》总算是大功告成了，然而，就是这样一部图书集成巨著，在诞生之后却也备受颠沛流离之苦，其间，围绕着《四库全书》的毁坏与保护发生了许多惊心动魄的故事。起初，《四库全书》一共抄写了七部，然而在战乱的年代，七部《四库全书》被烧的烧，毁的毁，如今只剩下了三部半。

公元 1860 年，英法联军侵略攻占北京城，在恢宏气派的圆明园，他们抢走了一切带得走的宝物，然后又一把火烧了圆明园，火光映红了天空。在这场浩劫中，圆明园文源阁里的《四库全书》被付之一炬。

清朝末年的外敌侵略和社会动荡是中华民族的灾难，也是《四库全书》的灾难，在这期间七部《四库全书》被毁掉了三部半，而幸存下来的《四库全书》也无一例外地离开了它们原来的储藏地。

扬州文汇阁里的《四库全书》在太平天国运动期间被毁；

杭州文澜阁在 1861 年太平军第二次攻占杭州时倒塌，所藏《四库全书》散落民间，后由藏书家丁氏兄弟收拾、整理，但原件不足一半，后几经补钞，才基本恢复原貌，现藏于浙江省图书馆。

文渊阁本，原藏北京故宫，后为躲避日本侵略抢夺，先辗转南方，后又被运至台湾，现藏台北故宫博物院。

文溯阁本，1922 年险些被卖给日本人。在 20 世纪 60 年代，从辽宁沈阳故宫转运至兰州，现藏于甘肃省图书馆。

承德文津阁本的《四库全书》是现存《四库全书》中唯一一部原架、原函、原书一体保存完整的，现藏于中国国家图书馆。而这部图书的保存也可谓一波三折……

1909 年，清政府决定将文津阁《四库全书》交由京师图书馆收藏，但因为种种原因，一直未能交接。

1911 年，辛亥革命爆发，清朝统治土崩瓦解，幸存各阁的《四库全书》再也无人过问。

1913 年，热河都统将文津阁《四库全书》运抵北京。

教育部获悉文津阁《四库全书》已经运抵北京，立刻派员去车站接书。谁知文津阁《四库全书》早已被内务部拦截，运往故宫文华殿古物陈列所。

当时任职于教育部社会教育司的鲁迅闻讯后十分焦急，他不辞辛苦地为这部中国文化典籍四处奔走。

1915 年，教育部致函内务部，指出：《四库全书》为中国古今图书籍之总汇，京师图书馆为首都册府，自应收藏，以宏沾溉。请即日将《四库全书》移交教育部，转发京师图书馆，以符成案。在各方面的压力下，内务部被迫与教育部（鲁迅受教育部委托办理接收事宜）接洽移交事宜，文津阁《四库全书》终于在京师图书馆寻到了最终的归宿。而京师图书馆就是中国国家图书馆的前身。

文津阁本《四库全书》被收入图书馆，算是皆大欢喜。然而，谁也没有想到，10 多年后，这部《四库全书》又发生了一场意外……

1931 年，北京文津街图书馆竣工后，为庆祝新馆成立，组织了一大批图书对外展出，文津阁《四库全书》是这场精粹展出的重头戏。

当时花两个铜板就可以进来参观，一时间，图书馆观众云集，盛况空前。

一天，展览完毕，馆员正在对《四库全书》进行清点，突然发现《四库全书》竟然少了一册。大家顿时惊得一身冷汗，又反复认真清点了几次，发现的确少了一本。

那时人们都是穿着长衫，要想带出一两本书并不费事。《四库全书》这样一部图书集成的缺失无疑会造成巨大损失。馆长急忙向时任教育总长的傅增湘先生报告了此事。

傅先生听到报告后，坐立不安，他在屋子里来回踱着步，如果说现在报警，万一打草惊蛇，偷书者很可能将书毁掉；偷书者无非是为了钱，他应该早晚会将书出手卖掉。

傅先生顶着各方面的压力，大胆地下达三道命令：首先要求工作人员保持冷静，不声张、不登报，更不要报告警察局，以免惊动偷书人；二，展览照常展出；三要通知北京琉璃厂各铺，一旦见到本书立即买进，不讲价，对方要多少钱就给多少钱。

很快，一个月过去了，琉璃厂没有传来任何消息，两个月、三个月过去了，丢失的那本《四库全书》犹如石沉大海般没有了踪影。

有人认为应该报警，严加追查。此时的傅增湘先生压力重重，但他坚持认为卖书者一定会出现。

转眼半年过去了，一天，北京琉璃厂来了一个中年男子，他鬼鬼祟祟拿出一本书，要高价卖出，琉璃厂的人一看这正是大家苦苦等待的《四库全书》中丢失的那本。此案这才算是告破，《四库全书》最终得到保全。

文津阁《四库全书》共 128 架、6144 函、36304 册，至今仍原架、原函、原书一体完整地存放在中国国家图书馆中。

《四库全书》是中国规模最大的一部丛书。全书共分 4 部、44 类、67 个子目，形成了一部完整的分类体系。《四库全书》共收书 3461 种，79039 卷，近 230 万页，约 8 亿字。整套书收录了从中国先秦到清乾隆前所有的重要古籍，涵盖了古代中国的几乎各个领域，许多古代典籍因收入此书才得以保存。

《四库全书》全部为人工抄写完成，字迹工整，端庄秀美，具有不可替代的历史价值和艺术价值，是当之无愧的国之瑰宝。

书是人类文明的一种象征，人们将文明进化过程中的点点滴滴汇集成书；书也是人类文明的一种载体，文明因书籍的编纂、流传而传承和发扬。而《四库全书》就是站在这一辉煌顶峰的皇皇巨著。我们应该感谢那些编书造书和保护《四库全书》的人们，正是他们的无私与奉献，才为后人留下了这样一部巨大的精神财富。

永乐大典

《永乐大典》是600多年前中国最大的一部百科全书，它的内容包罗万象，共计有22000多卷。然而，就是这样一部经典之作，它其中的一册却被农村的老太太拿来剪了纸样子。这是怎么回事呢？

鸿篇巨制 包容千古佳作
惨遭损毁 令人扼腕叹息
《国宝档案》为您讲述《永乐大典》的故事
本集顾问·赵前 程有庆

1983年春节过后，中国国家图书馆的工作人员一上班，就收到了一封奇怪的信，信上说在山东省掖县一位农民的家里收藏有一册《永乐大典》，但它是真是假，谁也说不清，所以想请专家去鉴定一下。

这封信引起了图书馆领导的重视，于是马上派专家到掖县进行实地调查。

当书被小心翼翼地拿出来时，专家们都不禁感到惊讶。这本书虽然已有些残破，但书的边口《永乐大典》四个字依然清晰，书上的文字统一用楷书抄写，端庄而秀美，字迹墨色黝黑，散发着淡淡的墨香。专家忙问，这本书从哪来的？

原来，掖县有一位村民叫孙洪林，有一次他到表叔邱家去串门，聊天中，表叔很得意地讲起了秦王宫磁石门的故事。

话说，秦始皇统一全国后，动用大量人力物力，在陕西咸阳建造了一座富丽堂皇的阿房宫。为了防备刺客，特命工匠用磁石制成阿房宫的偏门。这是外人进宫的必经之路，如果有人进宫行刺，磁门就会把身披铁甲暗藏利刃的刺客吸住。这磁石门可以说是中国最早的安检措施了。

　　众人一听，大开眼界，孙洪林想，表叔念书不多，怎么会知道这些历史故事呢？表叔笑着说，是从他家保存的一本书上看到的，这本书就是《永乐大典》。

　　几十年前，这本《永乐大典》作为邱家女主人的嫁妆，随着女主人一起"嫁"到了邱家，当时这本书是女方家用来压剪纸图样的。那时，在农村，做鞋要剪纸样，剪好的纸样还要压平，而这册《永乐大典》不但书大而且平整厚实，用它来压纸样真是太合适不过了。问起这本书的来历，女主人也说不清了，只知道是娘家传下来的。

　　家里人并不了解这册《永乐大典》的价值，只是觉得书中的字好看，书里的历史故事挺有趣，书的纸张好，很有韧性，所以有人还把它的边边角角剪下来做了鞋样，或给孩子当了练习本，或用来卷烟叶，这本《永乐大典》在这普通的农家里一呆就是 70 多年……

　　专家经过鉴定，认为这册《永乐大典》确实是真正的原本，书的纸张也是中国古代上等的皮纸，值得庆幸的是，这册《永乐大典》虽稍有损坏，但是它正文的大部分保存完好。这册难得的国宝，最终收藏在了中国国家图书馆。那么，《永乐大典》究竟是一部什么样的图书呢？这还要从明成祖朱棣讲起……

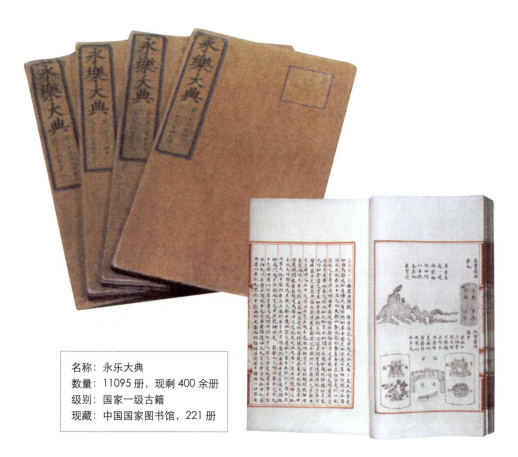

名称：永乐大典
数量：11095 册，现剩 400 余册
级别：国家一级古籍
现藏：中国国家图书馆，221 册

　　朱棣是中国明朝的第三位皇帝，年号永乐，他登基不久，在永乐元年，也就是公元 1403 年，就下诏命大学士解缙等人要编修一部巨著，以传后世。并且他亲自制定了气势宏伟的编纂宗旨，"凡书契以来经史子集百家之书，至于天文、地志、阴阳、医卜、僧道、技艺之言，不一书，毋浩繁"。

　　大学士解缙接到明成祖的命令后，立即着手开始编书的工作，他带领 100 多人，夜以继日，一年后终于完成了。明成祖赐书名为《文献大成》。然而他对此书并不满意，认为内容太过单薄，没有按照他的意愿包罗天下的书籍。

负责编书的大学士解缙没有完成好皇帝交代的差事，也是确有难处。编书任务来得突然，人手不够，还要限期完成等。

明成祖了解情况后，决定增派人手，召集朝野文士重新编修。为编纂此书，明成祖允许编纂者们调用皇家图书馆文渊阁中的全部藏书，还派人到各地搜采图书，为编纂图书提供了充分的保障。

历时 6 年，在明朝永乐六年，即公元 1408 年，书终于编好了，明成祖朱棣非常满意，特将其命名为《永乐大典》。《永乐大典》全书共 22937 卷，分装成 11095 册，光是凡例、目录就长达 60 卷，总字数约 3.7 亿字。

在此之前，中国的大型图书集有很多，如唐代的《艺文类聚》有 100 卷，北宋的《太平御览》1000 卷，而《永乐大典》有两万两千多卷，它的规模之大，无与伦比。

《永乐大典》汇集了上自先秦、下迄明初的 8000 余种古书典籍，除了著名的经史子集，还有哲学、文学、历史、地理、宗教、医卜等各类著作，包罗万象，是中国历史上最大的一部百科全书，它比著名的《不列颠百科全书》成书年代早了 300 多年。

《永乐大典》的编排方式非常科学，有点类似于今天字典的拼音检字法，只是当时依据的是明朝的《洪武正韵》。其体例是"用韵以统字，用字以系事"，也就是说，每个韵目下有很多单字，每个单字下分列与之相关的天文、地理、人事、名物以及诗文词曲等各方面的内容。

前面提到的从山东农民家发现的那册《永乐大典》正好排到了"门"字，在书的前面，用不同的字体演绎一个"门"字，端庄的楷书、狂放的草书、秀美的隶书，尽显汉字的魅力。这册书引用古书 66 种，插图 46 幅，它记载了中国古代不同等级的门，如白虎门、玄武门等，以及门的结构、类别、式样和奇闻逸事，丰富多彩。

明成祖朱棣下令编纂《永乐大典》最初是为了拉拢人心，巩固政权，然而却给我们留下了一部气势恢宏的文化巨著。那么，《永乐大典》在传承的过程中又经历了些什么呢？

《永乐大典》于永乐六年（1408 年）编修完成，被收藏于南京的文渊阁。永乐十九年（1421 年），明成祖朱棣迁都北京，也将《永乐大典》带到了京城，收藏在皇宫内的文渊阁。

《永乐大典》成书以后一直只供皇帝一人翻阅，其他人在没有皇帝的授权前，是无权翻阅的。相传，明成祖朱棣对《永乐大典》看得并不多，但是在明朝，却有另一位皇帝对《永乐大典》情有独钟，视若珍宝，这就是被人称为昏庸皇帝的明世宗朱厚熜，也就是嘉靖皇帝。

嘉靖皇帝是一个性格偏执的人，荒诞、自大、昏庸，然而他却视《永乐大典》为至宝，甚至在他的书几上经常摆放几册《永乐大典》。昏庸的嘉靖皇帝怎么会如此钟爱《永乐大典》呢？

原来，嘉靖皇帝经常翻看的几册《永乐大典》都与道教有关，他为了寻求长生不老的秘方，苦读《永乐大典》，企图炼就仙丹，长生不老。

然而，明朝嘉靖三十六年，即公元 1557 年的一天深夜，北京皇宫内的一座宫殿突然燃起大火，火势猛烈，宫内一片大乱，而嘉靖皇帝惦记的却是《永乐大典》可别给烧了，因为珍藏《永乐大典》的文渊阁就在火场附近。

内府录写本《永乐大典》

这一夜嘉靖皇帝连下了四道圣旨,不惜一切代价救出《永乐大典》,《永乐大典》最终完好无损地被救出。嘉靖皇帝也长出了一口气,同时他决定:重新抄录一部《永乐大典》,以防不测。

《永乐大典》重新抄录的工作在火灾后不久就着手进行了。历时6年,公元1563年4月,副本抄录完毕。重录的《永乐大典》的格式、装帧与原本一般无二。

《永乐大典》内容包括诗文、戏曲、僧、道、医药、工艺等方方面面,其中,《永乐大典》还收录了许多后世已经残缺或佚失的珍贵书籍,如《薛仁贵征辽事略》、宋本《水经注》等,其所征引的材料,都是完整地抄录原文,因而许多宝贵的文献能保存其原貌,人们称《永乐大典》为"辑佚明初以前珍本秘籍的宝库"。

《永乐大典》不仅篇幅巨大，收集广泛，而且缮写工整，书中的文字全部用毛笔以楷书写成，每半页八行，大字占一行，小字抄成双行，每行 28 个字；《永乐大典》中还有许多精致的插图，山川地形都以白描手法绘制图形，形态逼真，书为硬裱书面，由粗黄布包着，典雅庄重，被中外专家学者誉为有史以来世界上罕见的珍品。

就这样，《永乐大典》有了一正一副两个版本，正本珍藏在文渊阁，副本珍藏在皇史宬内。明末文渊阁焚于战火，《永乐大典》正本从此下落不明，成为中国文化史上一大谜案，而副本《永乐大典》在以后漫长的岁月中，所遭受的磨难，则令人痛惜不已。

清朝乾隆年间，为编修《四库全书》，朝廷要用《永乐大典》作参考，而此时，人们惊讶地发现，《永乐大典》竟然缺失了 2400 多卷，共计 1000 多册。

原来，那个时候，翰林学士可以借阅《永乐大典》，回家阅读，许多人借后没有归还，而且，由于当时管理不严，许多太监也纷纷将《永乐大典》偷盗出宫去卖钱。

而 1860 年英法联军侵略入京，给《永乐大典》带来最大的劫难，洗劫了藏于清翰林院的《永乐大典》，有相当部分被劫运到了英国，后藏于大英图书馆。到了清朝光绪二十年，即公元 1894 年，10000 多册的《永乐大典》已仅存 800 余册。

1900 年，八国联军侵犯北京，烧杀抢掠，《永乐大典》再次遭遇劫难。当时，慈禧仓惶西逃，义和团与侵略军展开殊死搏斗，位于北京东交民巷珍藏《永乐大典》的翰林院也成了战场，玉石俱焚，藏书四散。在激烈的巷战中，八国联军用质地厚实的《永乐大典》代替砖块，修筑防御工事，在炮火纷飞中，《永乐大典》损毁严重。

由于寡不敌众，八国联军最终占领北京城，他们对《永乐大典》肆意抢掠，作为战利品；由于《永乐大典》质地坚硬，侵略者甚至用它来垫马槽，或作为"上马石"。经过这次掠夺，《永乐大典》在战火中或被焚、或被毁，几乎损失殆尽，余下的多被劫掠他乡，沦落民间，或运往英、美、法、日等国。

经历了八国联军的洗劫，清政府收拾残局时，清理出残存的《永乐大典》仅剩下60多册。《永乐大典》遭遇巨大浩劫，不仅是对人类文化的践踏，更是对中国文化的野蛮摧残。

新中国成立以后，中国政府不懈努力，从海外、民间相继收回一些《永乐大典》。据统计，流失到海外的《永乐大典》现在散藏在日本、美国、英国、德国、韩国、越南的机构或个人手中，再加上国内收藏的《永乐大典》共400余册。中国国家图书馆藏有《永乐大典》221册，台湾藏有60册。

《永乐大典》可以说是中国古代最大的一部百科全书，共计11095册，费时6年才抄写完成。然而，历史的磨难，尤其是外国列强的豪夺与损坏，如今幸存下来的只有几百册了，这怎能不令人扼腕痛惜呢？

近代以来，《永乐大典》和中华民族一样屡受磨难，至今仍然留下许多的未解之谜，比如《永乐大典》的正本到底哪里去了，在民间或海外是否还藏有散失的《永乐大典》？这些都等待着人们去不断的探寻。

赵城金藏

国宝《赵城金藏》是一部佛教经典。《赵城金藏》被发现于乱世之秋，围绕着《赵城金藏》，护宝者和夺宝者的斗争从来就没有停止过，而每一次的斗争都有着曲折而惊险的故事。关于《赵城金藏》的经历，就从山西的广胜寺讲起……

在中国山西省南部的赵城县，也就是今天的洪洞县城北霍山南麓有一座古老的寺院，叫广胜寺，高耸入云的琉璃飞虹塔，错落山间的寺院庙宇，萦绕耳畔的古刹钟声，使得这座千年古刹庄严而神秘。

广胜寺有艺术精湛的元代弥勒佛、大雄宝殿、毗卢殿佛像和精美的元代戏剧壁画。位于山巅的广胜寺塔，又名飞虹塔，建于明代，传为阿育王藏舍利处，是一座八角形的13层的琉璃塔，高47米，金碧辉煌。

广胜寺建于1800多年前的中国东汉建和元年（147年），原来的名字叫阿育王塔院，也叫俱卢舍寺。到了唐大历四年（769年），山西汾阳有个郡王叫郭子仪的来到寺院游览，忽见夕阳西下，霞光映红了寺院，佛教中"广大于天，名胜于世"

八个大字映现在郭子仪的脑海里。郭子仪大喜，立刻奏请皇帝，将寺院改名为广胜寺，并整修、扩建了寺庙。

1933 年，一个名叫范成的高僧到广胜寺考察，他不辞辛苦地对寺院收藏的 5400 余卷的经卷进行考察研究，其中发现了一部珍贵的藏经，但是，当时没有人知道这部藏经是谁主持刻印的。

1934 年，南京又派遣一个名叫蒋唯心的人到广胜寺考察，为了便于工作，蒋唯心就近住在大殿旁边，他请两个僧人帮助，前后 40 多天，他将大藏经全部展阅一遍，经过多方面研究考证，最终认定这部藏经为金代刻印，又因在赵城广胜寺发现，故定名为《赵城金藏》。

《赵城金藏》刻于中国金代天眷二年，也就是公元 1139 年，历经 24 年才得以完工。

《赵城金藏》是中国历史上第一部官版汉文大藏经北宋《开宝大藏经》的复刻本。原本已散失殆尽，现存的金代复刻本《赵城金藏》，就成了中国现存最早、最全的大藏经。

《赵城金藏》共6980卷，约6000万字，是佛教典籍的丛书，收集广博、包罗丰富。它以经、论、律为主，并包含了若干印度、中国等国的其他佛教撰述，其中保留了很多今天不知道的古佚经典。因此，《赵城金藏》不仅是中国佛教顶礼膜拜的稀世珍品，也是世界印刷史和版本史上绝无仅有的奇迹。

《赵城金藏》堪称是一部佛教的百科全书，它的发现在全世界的佛教界、学术界、新闻界引起了空前的轰动和震惊，然而，国宝《赵城金藏》的发现也招来了无数贪婪者的目光。1937年9月的一天，广胜寺就突然来了一位不速之客……

此人叫李默庵，是驻山西南部的国民党军第14军军长。

这一天，李默庵身着戎装，气度不凡，前呼后拥着漫步霍山顶，举目仰望那高耸入云的13层琉璃飞虹塔，环顾错落于山间、被松柏环抱着的寺院庙宇，看着从身边走过的善男信女，望着满寺院飘绕的幽幽香火，顿时被这座极富中华文化风韵的建筑群吸引住了，不由大加感慨。

李默庵转身对广胜寺住持力空法师说道，广胜寺香火鼎盛，不愧为千年古刹啊，但是……李默庵稍一停顿，继续说："现在战火即将燃烧到赵城，这里可不是《赵城金藏》的落脚之地啊。"

力空法师心里明白，李默庵这次来广胜寺游览是假，奉蒋介石的电令，以保护《赵城金藏》为名，想把《赵城金藏》运往西安才是真。

怎样回答李默庵的这弦外之音呢？强硬顶撞吧，随便给你安上个通敌奸细，丢了性命不说，《赵城金藏》也保护不住；答应李默庵的要求吧，蒋介石采取的是攘外必先安内的不抵抗政策，古都西安也难保不沦陷，《赵城金藏》一旦被日本侵略者掠去，自己就成了千古罪人。

力空法师何等的聪慧，他思揣片刻说道，将军您看这样好不好，明日我在赵城宴请将军和地方士绅，一来为将军接风，二来大家可以共同商议此事，《赵城金藏》不是你我说了算的，总要遵循民意才好。

李默庵一听，力空法师说得入情入理，料想众乡绅也不过是见风使舵之人，自己只要一说这是蒋委员长提出来的意思，谁还不顺情说好话，于是便答应了。

宴会当天，李默庵大摇大摆地走进宴会厅，见到赵城有头有脸的人物云集一堂，认为是自己身份所致，不由心中喜悦。他和力空法师寒暄一番，入座后开怀畅饮。

酒过三巡，菜过五味，力空法师向来宾说明了李默庵的来意，并请李军长讲话。

李默庵以将军的威严述说了蒋委员长的电令，为保护《赵城金藏》，特意命他亲自前来考察，将《赵城金藏》从广胜寺转运到西安保管。

说完，李默庵得意地环顾四周，期待着响应者的掌声和应和声。

没想到，席上竟无一人响应。

原来，这力空法师可不是一般的人，他在当地德高望重，可谓一呼百应。

力空法师私底下早已和众人讲了此事的利害。《赵城金藏》是中国现存最早、最全的大藏经，具有无可比拟的史料价值，《赵城金藏》从金代起就保存在广胜寺，在寺院众僧人和赵城众乡绅的保护下会更安全。长途迁徙对《赵城金藏》有百害而无一利。

大家一致赞同，所以在宴会上，乡绅们对李默庵的提议并不响应，而且纷纷表示，《赵城金藏》应该留在广胜寺，而且必须留在广胜寺，这样它才能得到更好的保护。

李默庵千算万算，就是没有算到力空法师的影响力会有这么大。他见民意难违，也只好收回成命。这正是：算盘人人会打，各有奥妙不同；强中更有强中手，金藏归属自天成。

力空法师和众乡绅齐心协力，使得李默庵只能收回成命。然而，一波未平，一波又起，没过几个月，广胜寺又来了一位不速之客，这一次又是谁在打《赵城金藏》的主意呢？

故事还得从1938年农历三月初八讲起。

历史悠久的名刹广胜寺由上寺、下寺、水神庙三部分组成。著名的佛教经典《赵城金藏》就收藏在位于山麓下寺弥陀殿的12个藏经柜中。

这一天，力空法师正在后殿和众僧人议事，忽然，一个小和尚急匆匆跑了进来，惊慌失措地说，不好了，不好了！阎锡山派来一个师长，带着好多兵闯进来了！

力空法师镇定地吩咐，阎锡山肯定也是冲着《赵城金藏》来的，我们先出去迎接他，到时再见机行事。

力空法师带领众僧人刚刚迎到庭院，师长就带兵气势汹汹地闯了进来，"谁是力空和尚，快把《赵城金藏》交出来，阎长官命令，把《赵城金藏》转移到吉县山区。谁敢抗拒，格杀勿论"！

《赵城金藏》

师长说完一挥手，士兵们把力空法师和众僧人团团围住，随着哗啦哗啦的拉枪栓声，士兵们摆出一副枪上膛、刀出鞘的架势，一旦话语稍有不慎，这位霸道的军阀真的有可能下令开枪，血染寺院，气氛顿时紧张起来。

众僧人哪里见过这个阵势，有的僧人身子开始发抖，腿也打起颤来。

力空法师却丝毫没有惊慌，非常镇静，他心里十分清楚，眼前的形势只能因势利导。

只见，力空法师微微一笑，双手合十于胸前："阿弥陀佛，我就是力空，施主要看《赵城金藏》，请随我来。"

这位师长一愣，没想到力空和尚这么好说话。师长的气势消了一半，还故作好人地训斥起了士兵，"放肆，谁让你们拉枪栓的，这里是佛门净地，都给我规矩着点儿"！

士兵们收了枪，让开了一条路。众僧人虽说是松了一口气，可这心里又犯起了嘀咕：今天力空住持是怎么了？真的要把《赵城金藏》让这位师长转移走吗？

只见力空从容不迫地带领师长来到下寺后殿，两个小和尚端过两个铜盆，力空洗了手，并示意师长也洗手。

然后，力空法师又带着师长恭恭敬敬地烧了三炷香，才踱步来到藏经柜前，戴上白手套，取出一卷《赵城金藏》，递给师长。

师长早已经被庄严的气氛感染了，他赶紧戴上白手套，恭恭敬敬地接过《赵城金藏》，看了几眼，无奈根本看不懂，只好尴尬地坐在那里。

师长带领的士兵们可不像师长那样斯文，在一位副官的指挥下，哗的一下围住了储藏金藏的柜子。只要师长一变脸，《赵城金藏》就会被他们连柜子一起搬走。

众僧人的心一下子提到了嗓子眼上。所有人的目光都齐刷刷地盯在力空法师身上。

力空法师坐在师长对面，稳如泰山，默默地诵念了一遍经文，才缓缓问道：《赵城金藏》原本就存在广胜寺，又发现于广胜寺，可师座知道这《赵城金藏》是怎么来的吗？

相传，金代熙宗初年，在今天的山西省长治地区有一户姓崔的人家，崔家有个女儿叫法珍，法珍从小是个哑巴，后来竟被一位医术高超的和尚把哑病治好了。

法珍感激之余，许愿要为寺院做一件善事。后来她毅然断臂化缘，在山西、陕西等地区募集资金雕刻经书，法珍风餐露宿，感动了很多佛教信徒，大家纷纷捐资相助，前后历经30多年的不断努力，最终刻成了这部佛教大藏经——《赵城金藏》。

这位师长听得入神，被崔法珍的故事感染了。

忽然，力空法师将这位师长手里的金藏拿起，边观赏边说道，你看这《赵城金藏》不是普通的东西，它是中国大藏经中的孤本。《赵城金藏》共 6980 卷，约 6000 万字，这部佛教典籍的丛书，内容收集广博、包罗丰富，里面记录着许多今人所不知的古佚经典，可以说是一部佛教的大百科全书，是中华民族的无价之宝。

《赵城金藏》为卷轴装，黄纸护首，朱漆木轴。经卷前加装"释迦说法图"一幅，图右上角刊"赵城县广胜寺"六字。整幅扉画的线条自然流畅而有力，图案布局严整，疏密合理又富有变化，立体感极强。

《赵城金藏》被收藏在广胜下寺的弥陀殿里，只是一直不为世人所知。保存得这么好的经卷，如果要长途搬运，路途那么远，万一国军在搬运的过程中稍有损坏，咱们怎么向我们的子孙后代交代呀？

力空法师的一席话让这位师长无言以对，只得收兵而去。

就这样，在威严的气氛中，在力空和尚的循循善诱下，《赵城金藏》化险为夷，算是又躲过了一劫。但是，如果说蒋介石、阎锡山夺取《赵城金藏》还算是巧取的话，那么，日本侵略者对这部稀世孤本更是费尽了心机，就是真正的强取豪夺了。

抗日战争期间，日本侵略者对中国的国宝文物强取豪夺。当日本人得知广胜寺藏有珍贵的《赵城金藏》时，曾表示愿出 22 万银元购买《赵城金藏》，力空和尚及众僧人当场断然拒绝。

后来，广胜寺又来了一些日本僧人，他们先后几次窜入广胜寺，仍然想用高价买断藏经，同样没有得逞。

面对日本人的多次骚扰，力空法师担心总这样拖着也不是办法，为了防止《赵城金藏》遭遇不测，力空法师赶紧召集众僧人，把5000余卷《赵城金藏》的经卷由霍山南麓的广胜下寺转移到山顶上的上寺，吊运进13级琉璃飞虹塔，用砖砌死塔门，进行集中保管。

就这样，力空法师还仍然不放心，因为他知道，以往每年农历三月十八日广胜寺都要举办10多天的大型庙会，当地的百姓和周边各地商贾都会云集这里。按照惯例庙会期间，游人可上塔观光，日本侵略者会不会借此机会做《赵城金藏》的文章呢？

果然，1942年的一天，驻扎在附近据点的日军小队长突然带兵闯了进来，通知住持力空法师，农历三月十八即公历5月2日庙会期间，日军要上飞虹塔观光。说完，将一纸公文递给力空法师，便气势汹汹离去。

力空深知这是日军的最后通牒：文掠在先，武抢在后，是日本侵略者的一贯做法。

力空法师有些害怕了。日本侵略军占领赵城后，烧杀抢掠是家常便饭，看来《赵城金藏》这次是凶多吉少，怎样才能把《赵城金藏》转移到安全的地方去呢？

就在这危难紧要关头，力空法师自然想到了坚决抗日的共产党、八路军和抗日民主政府，他连夜沿着山下的崎岖小路奔波15公里，找到抗日政府的县长杨泽生，请求帮助。杨县长当即表示，共产党和抗日政府决不会让敌人在中国的国土上把国宝《赵城金藏》抢走。

但是，在敌人的眼皮底下抢运转移5000多卷国宝的《赵城金藏》绝不是一件容易的事情。

此时的广胜寺已陷入日军的重重包围之中，西北 30 华里的赵城县城驻有日军一个中队，正西 14 华里的明姜镇有日本一个小队，西南 30 华里的洪洞城内驻有日本一个大队，正南 14 华里的苏堡镇有一个小队，沿同蒲铁路还有五六处碉堡，最近的一处据点离广胜寺只有 4 华里。在这种层层包围的形势下，要从广胜寺将 5000 多卷《赵城金藏》安全地偷运出来，无异于是虎口夺食。

杨县长深感责任重大，立刻向八路军太岳军区党委书记安子文、司令员陈赓、政委薄一波等领导汇报。太岳军区又将情况立即报告了中国共产党中央委员会，中共中央从延安发出了迅速抢救《赵城金藏》的电报，命令太岳军区一定要完成好转运经卷的战斗任务。

八路军太岳军区接到命令后紧急动员，立即派出兵力，全力保护《赵城金藏》，一定要在敌人登塔之前把它抢运出来，绝不能让国宝落入日寇强盗之手。

太岳军区作出了周密的军事部署：在广胜寺三面临敌的形势下，只有面向太岳军区的一条山路可以通向安全地带。军分区派一个基干营的正规部队，协助县大队、游击队完成任务。

4 月 25 日晚，夜幕刚刚降临，抢运《赵城金藏》的战斗便紧张而有序地展开了。

县长杨泽生坐镇全面指挥，游击大队长徐生芳和军分区部队的领导同志带领部队担任警戒，公安局长刘骞率领党政机关和根据地各村挑选出来的共产党员、群众 120 余人组成了抢运队。力空法师带领众僧人配合抢运队登上琉璃飞虹塔，借助夜色的掩护，经过 4 个多小时紧张而有序的抢运，终于将 5000 多卷藏经全部安全转移出寺庙。

为了缩小目标，抢运队伍编成若干小组，并拉开距离，轻步前进，经过一夜的奔波，《赵城金藏》被转移到了地委机关驻地安泽县亢驿村，全体抢运人员受到了太岳军区的通令嘉奖。

在接下来5月反"扫荡"中，地委机关的同志背着经卷，在崇山峻岭中与敌人周旋，经卷几经辗转迁移。由于形势所迫，这些经卷有的藏于山洞，有的藏于煤窑，八路军每年都要派人定期进行察看和晾晒。

一次在察看途中，一名战士在半路遇到了日军，为了不使《赵城金藏》暴露，八路军战士故意引开日军，向隐藏《赵城金藏》的相反方向跑去，后来，不幸牺牲。

在以后的几年里，《赵城金藏》又几经辗转，直到1949年1月北京解放，根据中央人民政府的指令，将《赵城金藏》运至北京，尚存的4330卷又9大包的《金藏》被分装42箱，从河北省涉县经邯郸安全运进当时的北平图书馆，也就是现在的中国国家图书馆，国宝《赵城金藏》终于有了最好的归宿。

当时的《赵城金藏》中有许多经卷都已残破不堪，中国国家图书馆的工作人员前后经过17年的精心修复，现存《赵城金藏》共计4813卷。

《赵城金藏》是中国现存最早、最全的大藏经，它生动地反映了当时佛教在中国北方传播的盛况，也反映出金代雕版技艺的高超，被誉为稀世瑰宝。

《赵城金藏》与《四库全书》、《永乐大典》和《敦煌遗书》齐名，被共同誉为中国国家图书馆的镇馆之宝。《赵城金藏》历经磨难，在众多爱国人士的倾心保护下，才最终能够得到保存。

钦定古今图书集成

在中国历史上有一部与《永乐大典》《四库全书》齐名的书，名叫《钦定古今图书集成》。这本书不但受到清朝两代皇帝的青睐和赐名，而且还让它的编者从地狱上了天堂，又从天堂下到了地狱，演绎出了一个大喜大悲的人生故事……

康熙三十七年，也就是公元 1698 年，康熙皇帝率领文武百官到盛京，也就是今天的辽宁沈阳祭祖，其间他阅读了一个名叫陈梦雷的人写的诗，诗文意境深远，神采飞扬，康熙皇帝禁不住连连点头称赞。

陈梦雷何许人也？他的诗怎么会让康熙皇帝这么赏识？

其实，康熙皇帝对陈梦雷并不陌生。陈梦雷是福建闽侯人，学识渊博，才华出众。康熙十二年，也就是公元 1673 年，他回乡省亲，没想到恰逢靖南王耿精忠起兵反清，陈梦雷被胁迫受官，待叛乱消除后他也以"附逆"罪被捕入狱，被押解到盛京服苦役，一呆就是 20 多年。

流放中，陈梦雷的父母和爱妻都因承受不住打击而先后

山川草木　百工制造　内容包罗万象
贯穿古今　汇合经史　创造类书之最
《国宝档案》讲述《钦定古今图书集成》的故事
本集顾问·陈红彦

去世，悲痛欲绝的陈梦雷只好用读书来消解心中的忧愤，手不释卷，勤奋著书，先后编撰了《周易浅述》《盛京通志》等。

想不到20多年后，康熙看到了他的诗，十分赏识他的才华，不但将他免罪释放，召回京城，还命他侍奉皇三子允祉读书，从而他的命运彻底改变。

陈梦雷在教皇子读书和长期的著述中，深感现有的书籍查找起来很不方便，于是下决心要编撰一部"大小一贯，上下古今……有纲有纪，勒成一书"的大型工具类书。这一想法得到了皇三子允祉的支持，他为陈梦雷提供了许多方便，让他阅览"协一堂"的藏书，还派人帮助陈梦雷缮写抄录。

在皇子允祉的帮助下，陈梦雷夜以继日地工作，对15000多卷书籍逐一进行分类编辑，经过5年的呕心沥血，终于在康熙四十四年，也就是1705年完成了初稿，命名为《古今图书汇编》；康熙五十五年（1716年）完成了定稿，呈献康熙皇帝御览。康熙对书稿非常满意，赐名《古今图书集成》，并亲自题写一书联称赞陈梦雷：松高枝叶茂，鹤老羽毛新。陈梦雷也把自己的书斋起名为"松鹤"，自号为松鹤老人。从此，《古今图书集成》一举成名，成为中国古代最大的一部类书。

类书是按类别采辑群书，按照一定内容或方法编排，供人们使用的工具书。类书很像百科全书，它们共同的特点是包罗百科，分门别类叙述；不同的是，类书是抄集原书原文，而百科全书只是综合归纳成词条。因此类书比百科全书使用起来更便捷、全面。

《古今图书集成》囊括了中国5000年来各门类知识，包括人物、典故、诗词、小说、天文、地理、典章、制度等，把天地间的事物分成历象、方舆、明伦、博物、理学和经济6个汇编。《人物编》就集录了从中华先祖到秦始皇、直到乾隆等中国历代帝王和杰出人物的翔实资料；还有《史记》《永乐大典》等中国历代古典名著。《古今图书集成》真可谓是包罗万象的浩瀚巨著。

然而，令人没想到是，这部书的编撰者陈梦雷在文化学术上的巨大贡献并没有给他带来好运，他却再一次地下了地狱。公元1722年，康熙皇帝死后，他的四子胤禛继位，成为雍正皇帝，雍正皇帝一上台就将自己的同胞兄弟允祉视为眼中钉，夺了他的爵位，又把他投入监狱，陈梦雷也是因允祉的老师而受到牵连，被流放到黑龙江，经历了人生大喜大悲的陈梦雷最后死在异乡，成了皇室权力斗争的牺牲品。

但是有趣的是，雍正皇帝虽然流放了陈梦雷，可对陈梦雷编撰的《古今图书集成》却是钟爱有加。雍正立即派户部尚书蒋廷锡任总编纂，对《古今图书集成》重新进行整理。雍正皇帝为书写了序文，并将书更名为《钦定古今图书集成》，并传旨交武英殿刻书房印制。

武英殿刻书房是专门为皇家刊印书籍的机构，凡是由武英殿印制的书籍统称为"武英殿刻本"。皇室征调全国的能工巧匠，采用雕版、套印、铜木活字等各种印刷技艺，印刷皇帝御批的书籍图画。"武英殿刻本"插图优美，印制考究，装订精良，最珍贵的是，《钦定古今图书集成》是武英殿第一部以铜活字印制的大型书籍。全书共10000卷，目录40卷，约50万页，1.6亿字，由于文字浩瀚，工程巨大，当时只印

名称：钦定古今图书集成
年代：清朝康熙—雍正年间
级别：国家一级古籍
收藏：中国国家图书馆

制了64部。每部装5020册，共计520函，被赞誉为"大清
百科全书"。

　　然而，又令人遗憾的是，〈钦定古今图书集成〉在出版时，
雍正皇帝却把陈梦雷的名字从书中删掉了，而书名为"钦
定"，是不是也有贪天功为己有之嫌呢？

《钦定古今图书集成》

《钦定古今图书集成》出版后，备受人们看重，后人把它与《永乐大典》和《四库全书》并称为中国古代三大巨著。

300多年过去了，传世至今的《钦定古今图书集成》仅存10余部，保存完好无缺的更是稀少，而中国国家图书馆收藏的《钦定古今图书集成》就是其中的佼佼者，尤为珍贵。

陈梦雷的坎坷经历，成就了他的《钦定古今图书集成》。虽然，雍正皇帝把他的名字从书中删掉了，但是，后人却不会忘记他为此付出的心血。

楚辞集注

1972 年 9 月，日本首相田中角荣访华，中日双方为两国外交关系正常化进行谈判。9 月 27 日，毛泽东主席在中南海的书房里会见田中角荣，可就在临别之时，毛泽东主席突然把书桌上摊放的六本书收拢起来，对田中角荣说道："这套书是送给田中首相的礼物。"

毛泽东主席送田中角荣一套书，这一举动是在外交部礼宾司安排之外的一件事情，而田中也为毛泽东主席这一举动惊喜不已。从这套书在桌上摊开的样子，也可以想象得出，毛泽东主席经常阅读它。那么，毛泽东主席送给田中角荣的到底是一套什么书呢？

主席送书寓意深
中日邦交新纪元
《国宝档案》讲述伟人与《楚辞集注》的故事

本集顾问·陈红彦

2008 年 6 月 14 日，国家珍贵古籍特展在国家图书馆隆重开展。此次展览云集了来自全国各地的珍贵古籍，这些涵盖中国古代政治、文学、医药、艺术、历史、科学、宗教等方面的古代宝贵文献，让到场的古籍爱好者大饱眼福。

然而，就在众多古代珍贵文献当中，有一部古籍吸引了很多参观者驻足观看。

经专家讲解，1972 年日本首相田中角荣访华时，毛泽东主席送给田中角荣的那套书，就是根据我们眼前所看到的这部书影印的。而这套书也正是毛泽东主席生前最为钟爱的古籍之一——《楚辞集注》。

"楚辞"本是战国时期楚地歌谣的泛称,中国诗史上第一位浪漫主义诗人屈原,运用这种诗歌形式,将楚歌楚语加工成为一种新的诗歌体裁,而屈原也成为了楚辞创作的先驱作家。其代表作《离骚》两千多年来更是被尊为"可与日月争光"的杰作。

　　西汉文学家刘向辑录战国时期屈原、宋玉等人的诗歌作品,编订成书,通称为《楚辞》。从此以后,有不少文学大家整理《楚辞》,并添加注释,而最具影响力的,就是我们目前所看到的这部由南宋思想家朱熹所编撰的《楚辞集注》。

　　《楚辞集注》为海内孤本,是目前宋代《楚辞》中年代较早且最完整的一部注本。

　　《楚辞集注》中除收录了以屈原为代表的诗歌作品之外,书后还附有《楚辞辩证》二卷、《楚辞后语》六卷。《楚辞辨证》是对旧注的考订,《楚辞后语》则辑录了其他文人的作品。

　　毛泽东主席从青少年时期就特别喜欢屈原的作品。1957年12月,他特请诗人何其芳开列各种《楚辞》书目,然后又请秘书千方百计为他收集各种版本的《楚辞》和有关著作计有 50 余种之多,把它当作自己喜欢的收藏品。

　　在《楚辞》中,毛泽东主席尤为喜爱屈原创作的《离骚》。1961 年秋天,毛泽东主席就曾为屈原挥毫赋诗,诗中写道:

　　　　屈子当年赋楚骚,手中握有杀人刀。

　　　　艾萧太盛椒兰少,一跃冲向万里涛。

　　诗中所提到的"杀人刀",指的就是屈原所创作的《离骚》发挥出的战斗作用,足见他对屈原和他的作品的推崇。

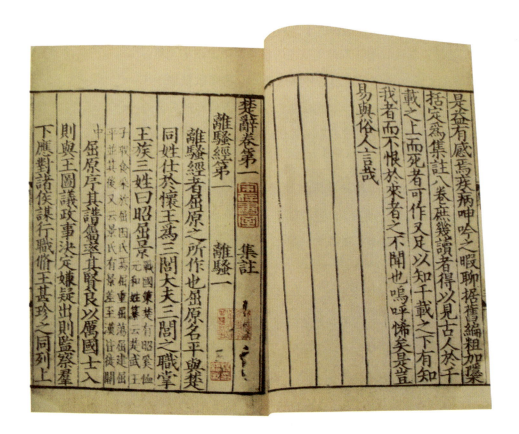

名称：楚辞集注
年代：宋代
作者：朱熹
级别：国家一级古籍
现藏：中国国家图书馆藏

1961年6月16日，毛泽东主席特别指名要人民文学出版社影印的《楚辞集注》，而影印版本的《楚辞集注》也成为了毛泽东主席最为珍视的一套藏书。

　　毛泽东主席得到《楚辞集注》的影印本后，爱不释手，时常翻开阅读，并加以批注，这套经典名作让毛泽东主席百读不厌。可是，就在1972年9月27日，毛泽东主席却把自己珍爱的这套收藏品赠送给了日本首相田中角荣，这到底是怎么回事呢？故事还要从田中角荣在宴会上的一段祝酒词说起……

1972 年 9 月 25 日，田中角荣首相访问北京，在当天晚上周恩来总理主持的欢迎宴会上，田中发表了祝酒词，其中在田中首相的祝酒词中有这样一段话："过去我国给中国国民添了很大的麻烦，对此，我再次表示深切的反省之意。"

在新中国成立初期，中日双方常常把日语中的"迷惑"翻译成汉语的"麻烦"两个字。而田中首相日文中所使用的"迷惑"一词，放在当时的语境所表达的意思应该是"百感交集地道歉"或"诚心诚意地谢罪"。

由于中日文化的差异，田中首相在祝酒词中所提到的"给中国国民添了麻烦"，引起了中方代表的注意。

就在第二天，周恩来总理对田中在前一日欢迎宴会上的发言作出了纠正。周总理给田中首相解释了"添麻烦"一词在中国的意思。

周总理对田中说道："添麻烦"一词只是在不小心把水溅到路边妇女的裙子上而表示道歉时才会使用的，在涉及中日两国不幸的过去时使用是不正确的。

田中角荣首相对自己由于不了解中国文化而用词不当表示非常遗憾，在田中访华的第三天，毛泽东主席在自己的书房里，会见了田中角荣。

在这次谈话中，田中角荣首相也对日语中的"迷惑"一词的意思作了解释。

在离别之时，毛泽东主席把放在书桌上的《楚辞集注》作为礼物赠送给了田中首相。毛泽东主席生前共藏书约 9 万余册，可是偏偏把《楚辞集注》影印本赠送给了田中角荣，这是为什么呢？

原来毛泽东主席赠《楚辞集注》给田中的深意是要给出田中"迷惑"一词的源初正解。在《楚辞集注》里辑录的《九辩》中有"忼慨绝兮不得，中瞀乱兮迷惑"和"然中路而迷惑兮，自压按而学诵"的诗句。

这两句诗中所提到的"迷惑"有两种不同的解释，前者表示"心惑神迷"，后者代表"迷失方向"。

毛泽东主席赠《楚辞集注》也就暗示了田中首相应该从"迷惑"两个字来研究中日文化的共同点和差别，这也就是毛泽东主席赠书的目的。

毛泽东主席不仅将《楚辞》读得烂熟于心，而且信手拈来运用到外交领域中，真正达到了出神入化的境界。

毛泽东主席与田中首相的这一次会面，对中日谈判是一个有力的促进，这次会面后的第三天，两国正式建立了外交关系。毛泽东主席赠予田中首相的《楚辞集注》，也成为中日外交关系史上广为传颂的一段佳话。

司马光《资治通鉴》手稿

公元 11 世纪，中国北宋年间，一个夏日的午后，几个孩子正在院子里嬉戏玩耍，突然有个小孩脚下一滑，掉到盛满水的大缸里，很快沉了下去。其他孩子顿时都吓呆了，这时，只见一个孩子搬起一块大石头，使劲向水缸砸去。水缸破了，水流了出来，被淹的孩子得救了。

这个故事，说的是中国宋代著名史学家司马光砸缸的故事。那个冷静沉着，救出同伴的孩子就是司马光。司马光被后人所传颂，除了他砸缸救人的典故，还有就是他编纂的《资治通鉴》。下面要介绍的国宝，就是司马光编写《资治通鉴》时留下的一份手稿。

中国国家图书馆馆藏文物中，有众多历代典籍、孤本、善本，这众多的古籍堪称纸质国宝文物，其中就有这件《资治通鉴》的手稿，在卷轴的外侧是清乾隆年间题写的几个小字：司马光通鉴稿内府鉴定真迹。

展开微微泛黄的卷轴，司马光当年的亲笔手迹徐徐呈现在眼前：手卷长 130 厘米，宽 33.8 厘米，共书写 29 行 465 个字。关于这件手稿的珍贵，就让我们从司马光编纂《资治通鉴》的故事说起。

司马光在孩童时就冷静睿智。读书时，在学业上司马光也是勤奋好学。宋仁宗年间，年仅 20 岁的司马光考中进士，开始了他的仕途生涯。

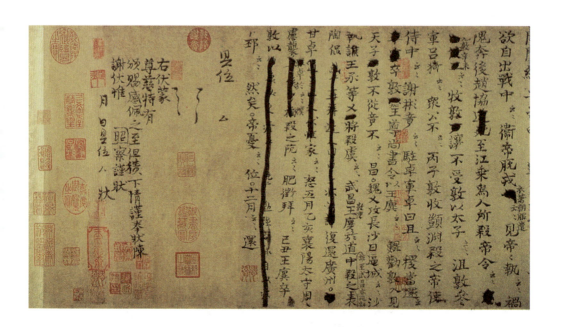

名称：司马光
《资治通鉴》手稿
长：130 厘米
宽：33.8 厘米
年代：北宋
级别：国家一级文物
现藏：中国国家图书馆

司马光担任天章阁待制兼侍讲官时，整日都和史书打交道，面对浩如烟海的史籍，司马光渐渐地产生了一个想法，希望编写一本系统又简明扼要的中国通史。

在编纂过程中，司马光还特别得到了当时在位的宋英宗皇帝的支持，宋英宗为编纂史书提供一切便利条件，特别准许司马光借阅各类皇家藏书。从宋英宗治平二年开始，一直到宋神宗元丰七年，历时 19 年之久，司马光主持编纂的《资治通鉴》终于完成。神宗以其"鉴于往事，有资于治道"，命名为《资治通鉴》。

司马光在漫长的 10 多年中，编纂《资治通鉴》几乎耗尽了他的心血。史书记载说，《资治通鉴》完成后，司马光曾上表皇上说："臣现在骨瘦如柴，老眼昏花，牙齿也没几颗了，刚刚做过的事情，转过身就忘记。臣的精力全都耗费在这部书里了。"

  《资治通鉴》是中国历史上第一部编年体通史，共249卷，记述了从公元前403年到公元959年，共1362年的中国历史，内容包括政治、军事以及经济、文化等。司马光在编纂《资治通鉴》时，对史实经过严格考证和筛选，所记述的内容详实可信，也使它成为后世历史学家所推崇的史学巨著。与司马迁编写的《史记》并称为史学双璧，有着极重要的史学价值。

  而这篇共书写有29行465字仅存字迹的手稿，就是司马光亲自编纂《资治通鉴》的历史见证。

  中国国家图书馆收藏的这份《资治通鉴》手稿，就是当时司马光伏案写下的一篇底稿。正是他对编纂工作的严谨认真，才最终使得整部《资治通鉴》成为一部宏伟严谨的巨著。那么，在这份手稿中，司马光究竟给后人留下怎样的内容呢？

现藏于中国国家图书馆的这份手稿，整篇文字字体隽永，字迹工整，虽然仅有寥寥数百字，但它们却全都出自司马光之手。在文中删改词句的痕迹中，可以感受到司马光治学的严谨认真。

司马光《资治通鉴》手稿开头是"永昌元年春正月乙卯改元"记述东晋永昌元年，王敦起兵谋反的历史。而这段历史，就是《资治通鉴》最终成书后第92卷的内容。手稿中的文字内容与最终成书有许多不同之处，可以证明这是一份提纲性质的底稿。在手稿上，几乎每段只写了开头几个字，以下就以"云云"二字代替。手稿中涂抹勾画的痕迹历历在目，从初稿中工整的字迹，和反复批改的痕迹，可以看出司马光编修《资治通鉴》的用心良苦。

手稿上除了《资治通鉴》底稿外，还有另外的文字记述，还被中国历代藏家奉为"三绝"，这是怎么回事呢?

据史书记载，司马光在编纂《资治通鉴》的十几年里，留下的手稿有整整两间屋子之多。然而，由于当时纸张价格昂贵，有时候一张纸除了写手稿，往往还用来写别的内容。数量如此庞大的手稿在《资治通鉴》编修完成后，司马光又将其中的许多手稿移作他用，因此在后世的流传中，所有这些手稿竟然差不多全部遗失掉了，而这仅存的460余字残卷手稿，就成为《资治通鉴》唯一流传后世的手稿。

在这件仅存的手稿中，也可以找到手稿移作他用的痕迹，手稿中有一处涂抹的痕迹，依稀可以辨认出，这是范仲淹的儿子范纯仁致司马光长兄司马旦的一封书札。据专家介绍，司马光将手稿写在兄长的书信上，很可能是由于当时纸张比较珍贵，或是司马光灵感来了，即兴写下的文字。而在手稿的结尾，还有司马光的一封"谢人惠物状"，是司马光为感谢朋友写的一封感谢信。三种不同的文本同时出现在一张纸上，使这份《资治通鉴》手稿更显得弥足珍贵。

在手稿的卷末有数十枚红色的藏印，记载着手稿的流传：有明代著名收藏家袁忠彻、项元汴的藏印；清初梁清标的藏印；从宋代开始，元、明、清各代，许多藏书家将这件手稿视为珍宝，争相收藏。到了清代，手稿入藏清宫内府，上面更有乾隆皇帝的三希堂精鉴玺等藏印，可见乾隆皇帝也把司马光《资治通鉴》手稿当作宝贝收藏。

新中国成立后，司马光《资治通鉴》手稿从北京故宫博物院调拨到北京图书馆，也就是现在的中国国家图书馆，成为图书馆的馆藏珍品和镇馆之宝。

《资治通鉴》是司马光奉献给中华民族的一份珍贵文化遗产，而他的这份手稿，也是这份遗产的重要组成部分，非常珍贵。

维摩诘所说经

1987年，在中国甘肃的武威地区，一群纯朴的村民在一个不经意挖出的山洞里，发现了一些写满了奇怪文字的小册子。让他们没有想到的是，这个发现，给中国的考古学家们找到了一个能够证明1000年前一项伟大发明的历史物证。

《国宝档案》为您讲述泥活字印刷的故事

失传文字湮灭历史奥秘 深入研究证明伟大发明

本集顾问·史金波

1987年，在中国甘肃的武威地区的群山峻岭中，一群当地老乡在采药时无意中挖出了一个神秘的山洞，从那时起，这片挖出山洞的山岭开始热闹起来。附近年岁稍长的老人们时常会来这里唱经打坐，因为他们在这里发现了一本形同天书的小册子，小册子上写满了奇怪的文字，这些文字虽然连这里最有威望的老人也看不明白，但是所有人都坚信，这是先人留下的经文宝典。乡亲们恭恭敬敬地把这份宝典供奉起来，他们自发地守护着这个山洞，一守就是一年。

1988年深秋的一天，一大早，村里来了一位客人。他叫孙寿岭，是武威市博物馆的一名考古学者，由于对传言十分好奇，因此特地过来，要亲眼看看那到底是怎么回事。乡亲们捧出了他们恭恭敬敬守护了一年的宝贝，用期待的目光望着这位城里来的学者。烛光闪动，孙寿岭神情凝重地翻看着那本宝典，很快，他就找到了答案。因为过去在武威市博物馆里他已经不止一次地看到过与这本经书文字相同的书籍。这是一本用西夏文翻译的经书，书名叫作《维摩诘所说经》。

西夏是一个几乎与宋朝同时存在的王朝。公元1038年，西北地区党项族的一名杰出首领李元昊称帝建国，今天的甘肃武威地区正是当初西夏国的辖区。

孙寿岭把经书带回了博物馆。对于鉴定西夏文的佛经印本，孙寿岭十分在行，博物馆里就藏有不少过去出土的西夏佛经，其中的大部分孙寿岭都仔细地翻看过。他清楚地看到，这本经书并非出自手写，而是印刷而成的。然而让他迷惑的是，在过去看过的佛经里，没有一本像这本经书一样，排版混乱，印刷粗糙，细看每个字的笔画，竟然有许多歪歪扭扭、毫无章法的地方，这难道是一名手艺拙劣的古代刻工胡乱刻印出来的经本吗？孙寿岭百思不得其解。

时间一天天过去，经书上的西夏文字已经被孙寿岭看得烂熟于胸。然而，他仍然无法对那些奇怪的地方做出解释，这时，他决定换一种方式来琢磨这本经书。考察《维摩诘所说经》的成书年代，那是距今大约900年前的时候，那时西夏建立政权已有一个世纪，当时的中原地区正处于两宋之交，根据历史记载，在那个时候，除雕版印刷之外，一种新的印刷方式已经产生，那就是活字印刷术。

"活字印刷术"这几个字就像一道灵光在孙寿岭脑子里闪过。有没有可能这本与众不同、模样奇特的经书就是一本活字印刷品呢？

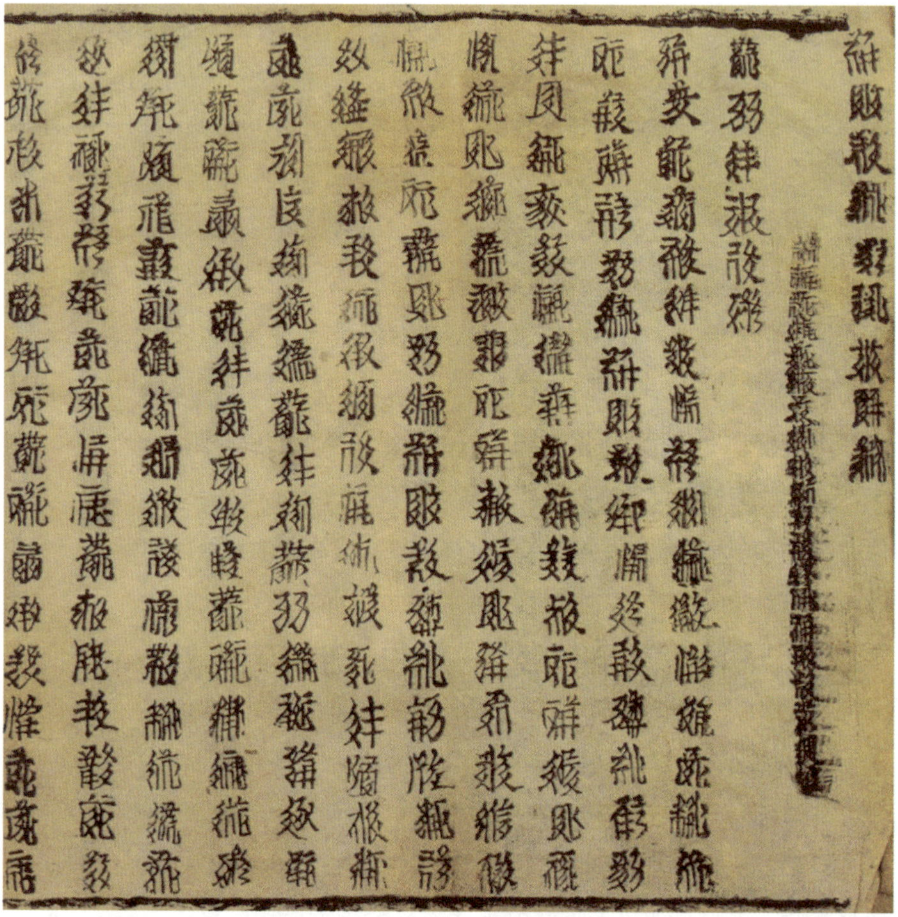

名称：维摩诘所说经
年代：西夏
级别：国家一级文物
现藏：甘肃武威博物馆

1000 年前，中国北宋年间，有一个叫毕昇的人发明了一种新的印刷技术"活字印刷"。当时的一位著名学者沈括，在他的著作《梦溪笔谈》里，把这项科技发明记录了下来。然而 1000 年后，毕昇和他的活字印刷术却成为了一个巨大的谜团，一些外国学者不承认毕昇的发明确有其事，因为从来没有人见过从毕昇那个时代留传下来的活字印刷品。

　　一个晴朗的初秋季节，北京市的一间会议室里，聚集着一群专家学者，他们并非来自一个相同的领域，然而，他们却有一个共同的目的，为毕昇在 1000 年前发明的活字印刷术找到一个确切详实的说法。因为就在这个时候，一些外国学者对此提出异议，认为毕昇在北宋时期发明的活字印刷术只是一个不成功的想法而根本无法付诸实施，因为胶泥制作的活字用于印刷，整个过程真正操作起来是并不可行的。也就是说泥活字印刷根本无法实现。所以，它也就无法为今天的后人留下任何实物证据。如果这样的质疑成立，那么，作为中国古代四大发明之一的活字印刷术，就并非出自 1000 年前的毕昇之手。

　　参加会议的专家虽然对国外学者的说法表示不满，但却始终没有一个强有力的反驳证据，因为的确没有人见过从毕昇那个时代留传下来的泥活字印刷品。看来，只有找到一个实实在在的证据，才能让所有人都心悦诚服。可是，这样的证据到底在哪里呢？

　　就在武威西夏博物馆的办公室里，孙寿岭度过了无数个白天黑夜。经过细心观察，他发现经文中大部分字行都没有按照直线排列，上下左右之间完全不对称。如果是雕版的话，行距一般是非常匀的，横成一条线，竖成一条线，非常的清楚。

　　然而，在用活字印刷时，每个字自成一体，不可能大小完全一致，用这些字块排版印刷，就会造成字迹排列不齐的效果。令人兴奋的是，假如《维摩诘所说经》真的是一本活字印本，那么它就将成为在中国疆域内发现的第一本从那个古老年代留传下来的活字印刷品。

　　人们在多年的考古中，竟然没有发现一件从毕昇时代留下的活字印刷品。由于一直没有找到实物证据，1000年来，沈括关于毕昇活字印刷术的那段记载似乎只是一个传奇般的故事，就连中国印刷博物馆也只能用泥塑的方式重现毕昇制作活字的景象。难道一本在西北山坳里发现的古老经书，真的能将一个传说变成现实吗？真正引起世人关注的是，在中国考古史上，这是第一次，在中国的疆域内，发现了有将近千年历史的活字印刷品。然而，甘肃武威博物馆的孙寿岭在寻找能够说明真相的证据时，又发现了一些新的细节。

　　当孙寿岭逐字细看时，他发现一些明明是一笔通下的笔画，却弯弯曲曲根本不在一条直线上。如果是在木头上雕刻然后印刷，绝对不可能出现这样的结果。从小就会雕刻泥制印章的孙寿岭相信，这应该是用泥作为原料刻印的时候独有的现象。因为泥是软的，刀在泥上刻的时候，由于刀刃的（挤压），使字体偏斜了。另外，有不少的字断边少角，为什么？就是容易掉，碰撞而掉。胶泥刻的字是"火烧令坚"，但是也脆，一碰，有些掉下去就会打掉，有些硬的时间长了，就会脱动。

　　在经书的文字中，一些笔画上有明显的小气泡痕迹。因为胶泥里面含有很多的水分或气泡，一烧以后水分排（出去）了，空气涨进去了，所以肉眼不容易看得见，但是印出来就非常明显了。

另外，经书上的文字大小不一，十分明显。这是因为泥的胀缩性非常强，有时候泥里面的水分多，烧出来的字收缩很厉害，就显得小。

这些分析句句有理，这本在西北山岭里发现的《维摩诘所说经》似乎的确就是用泥活字印刷而成的古代经书。然而，孙寿岭并没有把这个结论公之于世，他还需要找到一种无可辩驳的论证方式。

孙寿岭要为泥活字印刷找到一个无可辩驳的证据。这时，一个念头油然而生，如果反推这个结论，用沈括记述的泥活字印刷方法，是否能够复制出《维摩诘所说经》来呢？

就在自家的小阳台上，孙寿岭开始了泥活字的实验。他找来过去刻图章时用过的胶泥，制作泥活字。处理胶泥这套活儿对他来说并不陌生，多年以前他就是刻泥章的一把好手。当胶泥被搓到最细的程度，沉淀晾干后就可以使用了。在胶泥上刻字可就不那么简单了。虽然孙寿岭有刻图章的经验，而当他模仿西夏文刻出第一个字的时候，还是发现字的笔画弯弯曲曲，根本不能像在木头上刻字那么工整。刻好字后，就要按照沈括的记载用火烧，使它坚硬。"火烧令坚"这看似简单的四个字，却让孙寿岭大费周折。他在自家的蜂窝煤炉子里一遍又一遍地放入胶泥字块，一连好几个星期，他竟然没有烧出一个令人满意的活字来。

很长时间内，孙寿岭为了成功烧制泥活字，想了许多办法，最后他决定，把刻好的泥活字先放在炉沿上烘烤，然后再用火烧，即便是这样，火候也十分不好把握。

然而难题仍然层出不穷。要把这些好不容易烧制好的泥活字排版印刷，更是让孙寿岭时常陷入茫然当中。他熔化白蜡，用蜡汁固版，却总是不得要领，效果始终不能令人满意。最后当他再次翻看《梦溪笔谈》，他才留意到，毕昇所用的松汁和蜡中，原来掺杂了纸灰，孙寿岭并没有过多的思考毕昇的这个办法到底有什么道理，他老老实实按照这个方法烧了一些纸灰和到蜡汁里。结果连他自己也觉得很奇妙，一个个泥活字被固定得又平整又牢固，这样的活版，才能用于印刷。

当孙寿岭终于从活版上揭下第一张他认为满意的印纸，三年的时间已经过去了，这个过程漫长得连他自己也始料不及。

仔细观察孙寿岭完全按照沈括的记载印制出来的《维摩诘所说经》复制品，可以看出，那些在原件上出现的泥活字印本特征，在复制品上也或多或少地反映了出来。这部与原版佛经相差无几的西夏文字现代泥活字版的《维摩诘所说经》，证明了当时流行于中原的活字印刷术在西夏已经得到了广泛的使用。

孙寿岭的实验，彻底推翻了那些关于毕昇泥活字不可行的说法，再现了泥活字印刷付诸实施的操作过程，为1000年前中国人的伟大发明找到了实物证据。

《维摩诘所说经》被列国家一级文物，现保存在甘肃武威博物馆里。孙寿岭用了3年时间所做的实验，证明了泥活字印刷术确实在1000年前就已经出现在了中国的疆域内。他的研究成果于1998年获得国家权威认定。

宋版古籍与毛主席诗词

在中国历史上，毛泽东主席不仅是一位伟大领袖，也是一位伟大的诗人，毛泽东主席用诗词这种独特的方式，记录了他艰苦卓绝而又富有传奇的伟大革命生涯。下面将要介绍的就是两件与毛主席诗词有关的珍贵国宝。

2008 年 6 月 14 日，国家珍贵古籍特展在中国国家图书馆隆重开幕。

这次展览可以说是中国古代珍贵古籍的精华荟萃，其中《资治通鉴》手稿、《范文正公文集》、《金刚般若波罗蜜经》等，都是难得一见的中国古籍珍品。

这些从全国各地云集而来的珍贵古籍，在展会上争奇斗艳。在这次珍品相聚的盛宴上，有一本古籍更显得尤为瞩目，它就是《攻媿先生文集》。

《攻媿先生文集》是中国南宋诗人楼钥，请刻工刻印出来的自己的诗文集，是难得一见的宋代浙刻孤本。

中国宋代印刷业分三大系统，国子监所刻的书，属官刻系统，被称为"监本"；民间书坊所刻的书被称为"坊本"；士绅家自己刻印的书籍属于私刻系统，称为"家本"。

在宋代时期，浙江、四川、福建、江西是当时四大刻书中心，其中浙江所刻的书籍以纸墨精良、版式疏朗、字体圆润闻名于世。

《攻媿先生文集》写刻极为精美，宋体字刚劲娟秀，堪称南宋浙江私刻书籍的代表之作。而《攻媿先生文集》与毛主席诗词的一段奇妙渊源，也让它在众多珍贵古籍当中脱颖而出。

1963 年 12 月，为了纪念毛泽东主席诞辰 70 周年，文物出版社出版了一版前所未有的《毛泽东诗词三十七首》。

《毛泽东诗词三十七首》一经出版，便引起了社会上的极大关注。书中辑录了毛主席创作的《沁园春•长沙》《西江月•井冈山》《念奴娇•昆仑》《七律•到韶山》《七律•登庐山》等37 首诗词作品。之所以引起人们的关注，不仅仅是因为毛主席诗词所具有的深刻内涵和艺术魅力，还有在这版《毛泽东诗词三十七首》当中，所使用的 3000 多个字全部是从《攻媿先生文集》中收集出来的。这种字非常秀丽险峻，非常漂亮，所以，当时的编辑就从《攻媿先生文集》当中一个字一个字给它择出来，最后再拍照排版制版印刷出来。

在《毛泽东诗词三十七首》中，《沁园春•雪》可谓是脍炙人口的。

其中，词句"万里雪飘"中的"万"字；"望长城内外"中的"城"字；"看红装素裹"中的"红"字；"大河上下"中的"上"字；"稍逊风骚"中的"风"字等，全部由《攻媿先生文集》集字而出。

《攻媿先生文集》写刻精美，字体刚劲娟秀，洒脱飘逸的书法给气势豪放磅礴的毛主席诗词，更增添了艺术感染力。

当年为了出版《毛泽东诗词三十七首》，文物出版社的工作人员把从《攻媿先生文集》中选出来的字，逐字照相、洗印、拼接成书，艰难程度可想而知。然而，时隔 13 年之后，文物出版社又准备重新集字出版另外一版毛主席诗词，而这一次选中的集字对象又是哪本书呢？

"集字"作为一种古老书艺在中国历史悠久。早在唐朝时期，玄奘的弟子怀仁就游历大江南北，历时 20 多年，遍寻中国书法大家王羲之遗墨存稿，经排列汇编后刻于碑上。而这块《怀仁集王圣教序》碑，也成为古人留给后人的一笔宝贵财富。

1976 年《诗刊》一月号发表了毛泽东主席创作的《水调歌头·重上井冈山》和《念奴娇·鸟儿问答》两首词，这在当时的文坛上可是一件大事。

文物出版社决定重新集字出版包括《采桑子·重阳》《菩萨蛮·黄鹤楼》《七律·长征》《七律·冬云》《沁园春·雪》等名作在内的《毛泽东诗词三十九首》。

编辑们总结出古人从名人名作中集字的经验，最终选定了集字对象，而它就是被誉为百科全书式的中国通史巨著——《史记》。

《史记》是中国汉代文学巨匠司马迁撰写的中国第一部纪传体通史，它记载了从黄帝到汉武帝时期约三千年的历史。鲁迅先生曾称赞《史记》为"史家之绝唱，无韵之离骚"。

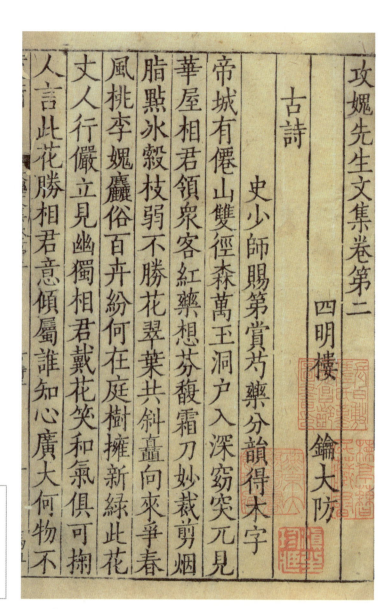

名称：攻媿先生文集
年代：宋代
作者：楼钥
版本：宋四明楼氏家刻本
级别：国家一级古籍
现藏：北京大学图书馆

可中国历史上的《史记》版本众多，到底选哪一个版本作为集字好呢？

几经商讨，文物出版社即将出版的《毛泽东诗词三十九首》，决定从黄善夫刻本《史记》中集字，这是为什么呢？

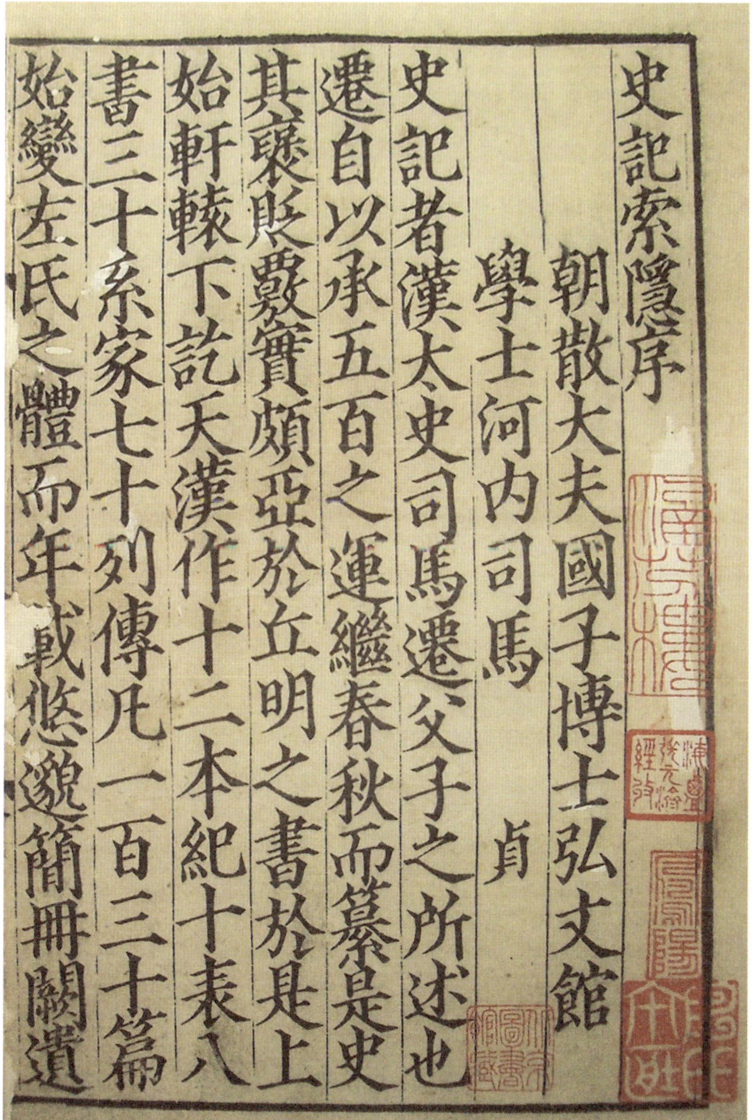
史記索隱序
朝散大夫國子博士弘文館
學士河内司馬　貞
史記者漢太史司馬遷父子之所述也
遷自以承五百之運繼春秋而纂是史
其褒貶覈實頗亞於丘明之書於是上
始軒轅下訖天漢作十二本紀十表八
書三十系家七十列傳凡一百三十篇
始變左氏之體而年載悠邈簡冊闕遺

名称：史记
年代：汉代
作者：司马迁
版本：宋建安黄善夫家塾刻本
级别：国家一级古籍
现藏：中国国家图书馆

黄善夫，名宗仁，是中国南宋中叶建阳著名的出版家，在印刷史或版本学上是不可或缺的人物。

黄版《史记》字体遒劲有力，为典型的柳体刻书，正文与注讹误少，刻字精良。中国著名藏书家傅增湘曾称这部《史记》为"建本之最精善者"。而且，黄善夫刻本《史记》正文，还合刻有南朝宋裴骃、唐代司马贞和张守节的印章及所写的注释，一部《史记》同时有三家注释，开创了《史记》三家注合刻的先河。

黄善夫刻本《史记》被视为南宋建刻的经典之作，名闻书林。它也是目前可以见到的最早的，也是质量最好的三家注本。

黄版《史记》刻本不但版本珍贵，而且字体饱满厚重，这些清秀华丽的书法与毛泽东的豪放诗风相得益彰。

在《毛泽东诗词三十九首》中，我们再一次以《沁园春·雪》为例。

词句中的：与、汉、武、内、外、日、唐等字都是从黄版《史记》中精挑细选出来的，给毛主席诗词更增添了美感和珍贵性，清新华丽的字体使《毛泽东诗词三十九首》成为继《毛泽东诗词三十七首》之后，又一经典之作。

毛主席的诗词磅礴浪漫博大精深，而《攻媿先生文集》和黄善夫刻本《史记》的字体，又为毛主席诗词集增添了无穷的艺术魅力。

忘忧清乐集

围棋是中国人发明的一种古老的棋种，在中国有着广泛的影响。中国现存最早的一本有关围棋的著作善本，就是现收藏在中国国家图书馆的《忘忧清乐集》。

《忘忧清乐集》是一本善本书，现在收藏于中国国家图书馆中。这本书为宋代版本，已有近千年的历史，它做工精细，为皮纸印造，刊刻刀法娴熟，墨色青纯，行格疏朗，古朴大方。

《忘忧清乐集》采用的是精美的"蝴蝶装"。所谓蝴蝶装，就是将每页书在版心处对折，有文字的一面向里，再将若干折好的书页对齐，粘贴成册。采用这种装订形式的图书，在展开阅读时，书页犹如蝴蝶两翼飞舞，所以被称为蝴蝶装。

《忘忧清乐集》是中国现存最早的比较系统完整的刻本围棋著作，里面收录了中国历代流传下来的著名棋局、棋谱、棋经等，为后人确定围棋的历史发展和棋局变化提供了珍贵的第一手资料。书名也很有趣，下棋逍遥忘忧、清静快乐，

忘忧清乐在棋局
蝴蝶善本传后世
《国宝档案》讲述《忘忧清乐集》的有趣故事

本集顾问·陈红彦

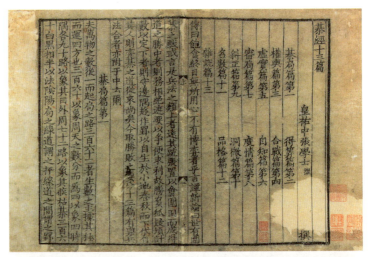

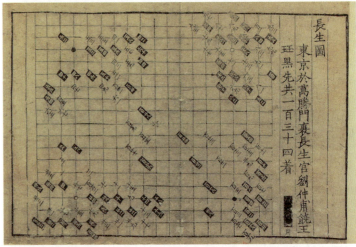

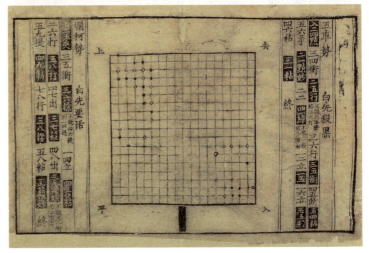

名称：忘忧清乐集
年代：宋代
作者：李逸民
级别：国家一级古籍
现藏：国家图书馆

所以书名叫《忘忧清乐集》。这本书的作者是宋朝一个叫李逸民的人，那么，李逸民是什么人？他为什么要编撰这部《忘忧清乐集》呢？故事就让我们从宋太宗赵光义讲起……

宋太宗赵光义是大宋的两位开国皇帝之一，他才华横溢、文武双全，尤其喜爱下围棋。

赵光义当了皇帝以后，有专人陪他下棋，被称为"棋待诏"。有位棋待诏叫贾玄，他每次和皇上对局，总是不多不少仅输一个子，以让太宗高兴。开始宋太宗虽然知道贾玄故意让着自己，但还能自得其乐，可是，久而久之，宋太宗老是赢棋，也觉得没意思了。

这一天，贾玄又陪皇帝下棋，宋太宗下旨道，贾玄必须拿出真本事来和自己大战一盘，为了打消贾玄的顾虑，皇帝特意让了贾玄三个子，然后说，如果贾玄赢了，就赐他绯衣一件，如果输了，就把他丢到污泥浊水之中。

要说这棋确实没法下，如果玩真的，把宋太宗杀得片甲不留，他自己也许会连命都保不住了。但是如果要是再输了，恐怕就会丢了饭碗。

话说棋待诏贾玄，听了皇帝的"旨意"后，并没慌乱。这盘棋下来下去到中盘时，出现了一个"三劫循环"，双方都不能退让，按规矩应该判为和棋。

宋太宗哭笑不得，他一怒之下，大声说，我让你三个子还是和棋，应该算你输了。于是命人把贾玄给扔到荷花池里。贾玄大呼："皇上且慢！"话音未落人已掉落池塘之中，贾玄站在泥水之中，举手高喊：我手中还握着一颗子，还没算呢！摊开手掌一看果然还有一颗子。这就证明这盘棋其实是贾玄赢了，宋太宗大笑着命人捞起贾玄，并赐与他绯衣。

正所谓上行下效，一时间，围棋在中国不断兴起，而且在宋朝统治的 300 多年里，一直长盛不衰。

《忘忧清乐集》的作者李逸民，就是宋朝一位专门陪皇帝下棋的"棋待诏"，他天资聪明，在围棋上颇有悟性，为了让中国的围棋薪火相传，他编撰了这部著名的《忘忧清乐集》，收录了北宋仁宗时张拟撰《棋经》十三篇，宋徽宗赵佶御制诗一首，南宋初年刘仲甫撰的《棋诀》四篇，张靖撰的《论棋诀要杂说》一篇，以及《孙策诏吕范弈棋局面》、《晋武帝诏王武子弈棋局面》、《明皇诏郑观音弈棋局图》、《诸国手野战转换十格图》和开局棋势诸图谱等。

《忘忧清乐集》是名副其实的善本国宝，更让人惊奇的是，这件小小的善本里有着许多关于围棋的奥秘……

在中国，围棋最早起源于春秋中叶，晋朝人张华在他的《博物志》中说："尧造围棋以教子丹朱。"传说，2500 多年前的春秋时代，围棋就已盛行。孔子的《论语》中说："饱食终日，无所用心，难矣哉！不有博弈者乎，为之犹贤乎已。"

古时围棋有许多别称，如"坐隐"、手谈、黑白、方圆、乌鹭等，秀丽的山水间，一方石桌，一盘棋子，古代文人下棋体现的是置身世外、万物皆空的逍遥，友朋欢聚的愉悦洒脱，正所谓忘忧而清乐。

中国围棋的发展也有一个由简单到复杂的过程，最主要的表现是在棋盘的道数上。棋盘的道数少，变化就少，下起来就简单，相反，棋盘道数越多，下起来就越不好掌握。通过考古发现，中国最早的棋盘很小，为横竖各 13 道，而我们现在使用的棋盘则是横竖各 19 道。那么，这种横竖各 19 道的棋盘是什么时候确定下来的呢？

专家在善本《忘忧清乐集》中找到了答案。《忘忧清乐集》中有幅图记录的是三国东吴时期的棋谱，上面清楚地显示，那时的围棋已经是横 19 道、竖 19 道了。

古代中国围棋里，还有两个重大的规则，就是座子制和黑白双方先后手的行棋次序。

"座子"也叫"势子"。它是在下棋时，先在四角的对角上各摆两枚棋子。以确定黑白双方各占两个角。《忘忧清乐集》中，清楚地记录着黑白双方，在棋局四角的对角卜各摆两枚棋子，行棋次序是白先黑后。

古代这种座子制度和白先黑后的规则一直沿袭到清末，前后实行了近一千八九百年。后来才取消了座子，并改为黑先白后的行棋次序。

《忘忧清乐集》为中国围棋史的研究和发展提供了珍贵的实物资料，它里面收录的棋谱十分丰富，许多棋谱今天依然是围棋专家研究的对象。

围棋是一种充满智慧的游戏，《忘忧清乐集》中总结了中国古人对围棋的研究，也是我们祖先智慧的结晶。

样式雷图档

万丈高楼平地起。大家知道，我们现在修建高楼大厦离不开设计图纸。那么，我们的古人是如何建造宏大的建筑的呢？有人说，那时候还没有施工图，全靠师傅手把手地传授。这种说法对吗？

北京故宫，金碧辉煌，是世界规模最大、保存最完整的中国皇家宫殿建筑群……北京颐和园，琼楼玉宇，风景如画，是中国古典皇家园林建筑的典范……

北京天坛，殿堂巍峨，是中国明清两朝皇家祭天的场所，也是中国现存规模最大的皇家坛庙建筑……

人们在赞叹之余，不禁要问是谁参与了故宫、天坛、颐和园这些皇家宫殿园林的设计和维修？当年的建筑图纸是什么样子，它们保存下来了吗？今天我们介绍的国宝，就是收藏在中国国家图书馆的清朝皇家宫殿园林宏伟建筑的原始设计图纸——《样式雷图档》。

2004 年 8 月 12 日，"样式雷——华夏建筑意匠的传世绝

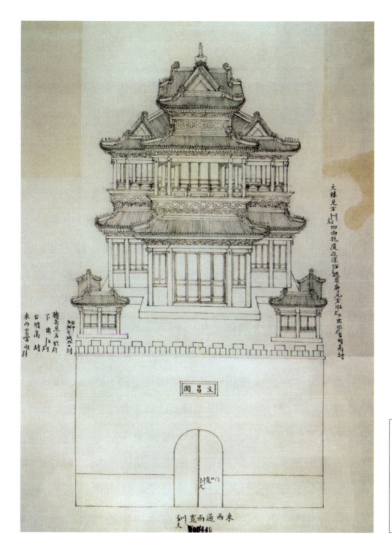

名称：样式雷图档
作者：样式雷家族
年代：清乾隆至宣统年间
收藏：中国国家图书馆
　　　故宫博物院
　　　清华大学

响"展览在中国国家图书馆文津厅拉开帷幕，消息一公布，立即引起广大观众的兴趣，人们把目光纷纷投向清代赫赫有名的样式雷家族，以及他们遗留下来的大量珍贵文献和实物资料。

　　清代，人们把建筑图样称为"样式"，也叫它"样子"。"样式雷"指的是清代著名建筑世家雷氏家族。之所以叫"样式雷"，是因为从17世纪末到20世纪初的200多年间，雷氏家族共有八代人先后负责皇家建筑设计，参与了故宫、天坛、颐和园、承德避暑山庄、清东陵、清西陵等众多建筑的设计和维修。迄今为止，被列入世界文化遗产的中国名录中，有五分之一的项目都与雷氏家族有关！国宝《样式雷图档》的故事还要从雷氏家族的始祖雷发达说起……

清康熙二十二年，也就是公元 1683 年的冬天，一个中年男子从南京来到了北京，在他身后跟着一个 20 出头的小伙子。初来乍到，人地生疏，两人脸上都露出一种茫然，那个小伙子显得更加局促不安。这两个人就是雷发达和他的儿子雷金玉。人们也许不会想到，就是这两个一脸茫然的人以及他们的后人，在中国建筑史上留下了辉煌的一页。民间就流传着这样一个传奇的故事：

太和殿俗称金銮宝殿，是紫禁城里最高、最大、地位最尊贵的一座宫殿，清朝时期，每逢元旦、冬至、万寿三大节日，和皇帝登基、大婚以及命将出征时都要在这里举行隆重的典礼。清康熙年间，康熙皇帝决定重建太和殿，工程进展得非常顺利，很快就到了上梁的日子。这一天，文武百官列队在太和殿外，由康熙皇帝亲自主持上梁典礼。就在这节骨眼上，却发生了一件意想不到的事，脊檩怎么也合不上榫（sǔn），落不了位。"大殿檩梁不落位，这可是不祥之兆啊。""太和殿上梁仪式是关系国家江山社稷的大事，弄不好要掉脑袋的！"一时间，文武百官窃窃私语，掌管建筑的官员更是惊慌失措，不知如何是好。

就在这时，一个官员想起了匠人雷发达。雷发达艺高人胆大，他换上官服，袖揣铁斧，三下两下攀上梁架，咔嚓咔嚓几斧子，梁就稳稳当当地落了位。康熙皇帝目睹这一情景，十分欣赏雷发达精湛的技艺，授予雷发达工部营造所长班的头衔。"长班"一职，相当于今天国家建设部的总建筑师。从此，"上有鲁班，下有长班，紫薇照命，金殿封官"的传说不胫而走。在以后的200多年间，雷氏家族代代相传，共有八代人主持皇家建筑的设计和维修工作，成为中国古典建筑的领军人物。

雷氏家族不但擅长木工，更精于建筑设计，自康熙朝起，他们为清朝廷设计了大量恢弘的皇家建筑，包括宫殿、园林、庙坛、陵寝、府邸、戏楼、学堂等众多类型的建筑，雷氏家族也由此赢得了"样式雷"或"样子雷"的雅号。"样式雷——华夏建筑意匠的传世绝响"展览，展出的正是当年雷氏家族绘制的建筑图纸、实物模型、工程做法以及相关文献资料。

保存下来的《样式雷图档》共有20000多件，其中15000多件收藏在中国国家图书馆，其余部分分别收藏在北京故宫博物院和清华大学。《样式雷图档》是中国古代建筑史上唯一留存下来的皇家建筑原始资料，异常珍贵。在这些图档中，数量最多的是雷氏家族设计的建筑图纸，以及施工设计说明的《工程做法》、随工日记等，生动地再现了清代建筑工程从设计到施工的全过程。

除了大量的图文资料外，还保存下来几十件样式雷建筑的烫样，"烫样"就是建筑模型。在清代，皇家建筑在施工前，工匠一般都要把设计的建筑按照比例缩小，用木料、草纸板、秫秸（shú jié）、油蜡等材料制作成模型，呈献给皇帝御览，因为制作工艺中有一道熨烫工序，所以称它为"烫样"。保存下来的样式雷烫样，有圆明园、万春园、颐和园、紫禁城、景山、天坛、清东陵等处的建筑，其中以同治年间重修圆明园时，雷氏家族中的雷思起、雷廷昌父子制作的烫样数量最多。

雷氏家族的烫样，设计完美，制作精良，最大的特点是它的构件可以像积木那样灵活自如地拆装，让人观看到建筑内部的每一个细节。每件建筑烫样上都贴有黄色标签，上面注明建筑的名称、各部位的尺寸以及工程做法，每个细节都记述得详细清楚。"夹陇捉节，刷浆见新"、"檐头糟朽，挑换椽（chuán）望"——从这些标签上我们可以得知，不仅新建筑需要制作烫样，修缮工程也少不了它，通过烫样，建筑残坏程度、所修部位和施工方法便一目了然，生动体现了中国古代工匠的聪明才智。

《样式雷图档》涉及皇家建筑，是极其珍贵的资料，本应妥善保管。然而，这些珍贵的图纸资料却屡遭磨难，先是险些毁于战火，后来又差点流失海外，多亏了爱国志士的精心保护，这些国宝才一次次躲过劫难，得以保存下来。那么，《样式雷图档》是如何躲过一个个劫难的呢？关于它故事还要从公元 1860 年说起……

公元 1860 年，英法联军侵略中国，攻占了北京，他们烧杀劫掠，一把大火烧毁了享誉世界的中国皇家园林——圆明园。为了保住雷氏家族几代人的心血成果，样式雷的第五代传人雷景修，在一个漆黑的夜晚，带着几名伙计偷偷地溜进了清廷样子房仓库，将雷氏家族几代人设计的皇家建筑图档偷偷地运了出来。原本属于皇家绝密资料的建筑档案，就这样在乱世中流到了宫外，被雷氏家族秘密保存起来。

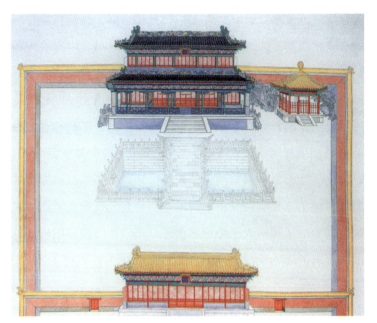

样式雷文渊阁地盘文样

雷氏家族就像爱护眼睛一样精心呵护着祖上留传下来的图样，直到 20 世纪初清王朝灭亡，样式雷第八代传人雷献彩死后，图档开始了坎坷的辗转历程。

1911 年，孙中山先生领导的辛亥革命推翻了封建清王朝的统治，接踵而来的是连年不断的军阀混战。乱世年代，没有人再修建宫廷建筑，雷氏家族断了营生，生活陷入窘境。为了生存，他们迫不得已开始变卖起家中珍藏的图档资料。

这一天，晴朗无云，中国营造学社社长朱启钤先生来到书市，他沿着书摊寻找着自己喜爱的书籍，突然，他发现一个书摊上摆放着一摞厚厚图样，朱启钤以为是民俗画稿，便随手拿起来翻看，这一看可不要紧，朱启钤就再也舍不得放下了。

原来，朱启钤翻看的并不是什么民俗画，而是赫赫有名的样式雷图样！朱启钤的手在微微发抖，这可是中国的宝贝啊！它们怎么会出现在书摊上呢？朱启钤先生当即买下了书摊上所有的样式雷图样，还迫不及待地询问摊主：图档是从哪里收购来的？你卖了多长时间了？家中是否还有收藏？以前曾经把图样卖给了哪些人？一连串的问题把摊主问蒙了，以为出了什么事，张口结舌，说不出话。听了朱启钤先生的解释，摊主才弄明白缘由，说这些图档是他从别人手里买来的，都卖给了哪些人已经记不清了，不过，一部分图档被外国人买走了。

听到这个消息，朱启钤不禁大吃一惊。他马上意识到《样式雷图档》可能已经流失海外，必须马上采取行动，阻止《样式雷图档》继续流失。他急急忙忙地赶回家，马上召集营造学社的成员开会商量对策。会议决定立即采取行动，动员家属、同事、朋友和社会上的各种关系，一起寻找和收购《样式雷图档》。一场抢救国宝的行动开始了……

中国营造学社是朱启钤先生在1929年创办的民间学术团体，成员大多数是当时中国建筑界的精英，学社的宗旨是用现代科学技术研究并保护中国古代建筑。

中国营造学社成员分兵三路立即行动起来：一些人联络爱国文人和志士，号召他们出资买下流入市面的《样式雷图档》；一些人与购买了图档的外国人协商，劝说他们转让图档；还有一些人去打听雷氏后人的下落，想方设法留住那些还没有被变卖的图档。经过营造学社和爱国人士的不懈努力，大部分《样式雷图档》被留在了国内，没有流失到海外。

1930 年，雷氏家族的后人把尚未出手的大部分图档卖给了北平图书馆，也就是今天的中国国家图书馆，使这些珍贵的资料有了一个安全可靠的归宿。

时光如梭，转眼间就到了 1964 年年底。一天，几个人推着一辆三轮平板车来到北京市文物局门前，车上鼓鼓囊囊的装满了东西，上面还罩着黑布，显得有些神秘。这几个人在文物局门前低声耳语，徘徊了好一会儿，最后鼓足勇气走进了文物局的大门。原来，他们是雷氏家族的后人，车上装的正是他们珍藏的部分《样式雷图档》，他们此行的目的是要把这些图档捐献给国家。北京市文物局接受了这批珍贵的图档，对雷氏家族后人的爱国义举进行了表彰。

如今分别收藏在中国国家图书馆、北京故宫博物院和清华大学的《样式雷图档》得到了很好的保存，直到今天，在北京故宫、天坛、颐和园等皇家建筑的维修和保护方面，它们依然发挥着不可替代的作用，成为中国古代建筑史的传世绝响。

人们在中国国家图书馆举办的"样式雷——华夏建筑意匠的传世绝响"展览中，久久地驻足在展台前，仔细欣赏着这些珍贵的国宝，赞叹源远流长的中华传统建筑文化，赞叹中华民族出色的艺术创造才能。

2003 年，《样式雷图档》被批准为"中国档案文献遗产"，成为研究中国古代建筑史乃至世界建筑史的珍贵实物史料，体现了中国古代建筑设计的最高成就。

补遗雷公炮制便览

中国的传统医药文化历史悠久，博大精深，名医辈出，产生了许多重要的学派和医药学名著。《补遗雷公炮制便览》就是明代一部珍贵的中医药典籍。

《国宝档案》讲述《补遗雷公炮制便览》的故事

一部珍贵的古籍
一段曲折的经历

本集顾问·郑金生

2008年6月，国家珍贵古籍特展在中国国家图书馆古籍馆临琼楼隆重开幕。展览云集了来自全国各地的411件珍贵古籍，其中一部名为《补遗雷公炮制便览》的中医药典籍，格外引人注目。

全书共14卷，由于太珍贵了，展览只展出了卷首部分，其余的都收藏在中国中医科学院图书馆。7月，我们《国宝档案》记者来到中医科学院，在图书馆裘俭主任的带领下，终于见到了这套珍贵古籍的全貌。

《补遗雷公炮制便览》图文并茂，黄绫封面，其装帧、书法、画技都颇具皇家书籍的气派。那么，《补遗雷公炮制便览》这一书名是什么意思呢？

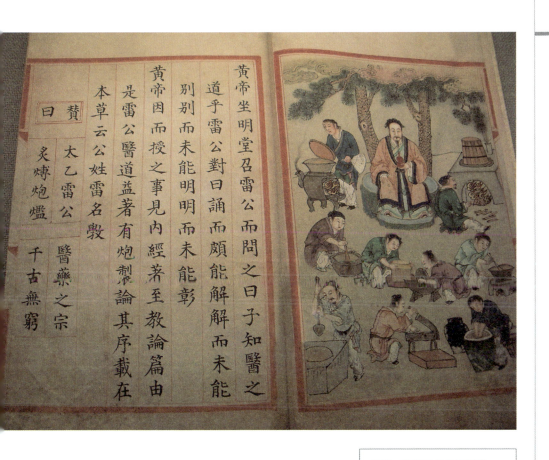

本草云公姓雷名斅

太乙雷公　醫藥之宗

是雷公醫道益著有炮製論其序載在

黃帝因而授之事見內經諸篇由

別別而未能明明而未能彰

道乎雷公對曰誦而頗能解解而未能

黃帝坐明堂召雷公而問之曰子知醫之

贊曰

炙煿炮燀　千古無窮

名称：补遗雷公炮制便览
年代：明代
级别：国家一级古籍
现藏：中国中医科学院图书馆

专家介绍说，雷公，是民间传说中黄帝的臣子，他善于
医学，精于针术，是中医学界的太祖。

翻开《补遗雷公炮制便览》首页，一幅彩图映入眼帘：
云松旁，幔帐下，黄帝正在向雷公举行授书仪式，只见跪于
黄帝面前的雷公，侧着脸看着旁边小桌上的书籍和几个盛药
的器皿，寓意黄帝正在给雷公传授有关中药炮制的专门技术。

那么，什么是炮制呢？

"炮制"最早写作"炮炙"。"炮"和"炙"是两种常见的加工处理食物的方法，将食物裹上东西放在火上烧叫"炮"，用火烤肉称为"炙"。由于中药原药材大都是生药，需要加工处理，去掉异味，降低毒性，因此"炮"和"炙"也被运用于加工处理中药材，"炮炙"也就成为药材加工处理的总称，即熬制中药的方法，后来人们又称炮炙为"炮制"。

第二页，雷公居中端坐，手持贮存丹药的宝葫芦，和九名药工一起，正在忙碌地洗药、切药、碾药、杵药、蒸药……生动形象地描绘和展示了中国古代中草药炮制的过程和情景。

这是一幅精美的手绘牌记，上书"万历辛卯春制"，说明此书绘于明代万历皇帝辛卯十九年，即 1591 年。

书名中的"补遗"又是什么意思呢？补遗即补充遗缺，也就是说该书是对雷公另一本书的补充。那么，《补遗雷公炮制便览》"补遗"的是哪本书呢？

专家考证，《补遗雷公炮制便览》是以明代俞汝溪的《新刊雷公炮制便览》为蓝本，又增加了药物形态与炮制图、采集图等，是一部新的综合性本草图谱。

北京故宫专家对《补遗雷公炮制便览》鉴定后，认为这部手绘古籍出自明代宫廷，由宫廷画师编绘而成，是国宝级的古籍珍本。

可让人奇怪的是，如此珍贵的典籍，在中国历代编纂的古籍书目，乃至 20 世纪 90 年代出版的《中国古籍善本书目》中，却都没有任何记载，直到近期才为人所知。

是什么原因，让这套珍贵的典籍，湮没了400多年之久？400多年间，这部宫廷珍本又是如何颠沛流离，最后收藏在中国中医科学院的呢？书中的一枚印钤为人们解开了这一谜团……

　　《补遗雷公炮制便览》中，共有8枚藏家印，其中3枚已经模糊不清了，只有一枚刻有"王聘贤"名字的图章清晰可见。那么，王聘贤是谁呢？

　　专家说，王聘贤是贵阳的一位名医，1897年生于贵州省兴义县。1917年，20岁的王聘贤赴日读政治经济学，后来又改学西医。当时，年轻的王聘贤对中医并没有多大的兴趣，然而一次意外的经历，却改变了他的人生道路。

　　1919年，王聘贤得了胃病，他先后在日本10多家医院看过，可病情都不见好转。

　　一天，王聘贤突然收到一个从上海寄来的包裹，打开一看，原来是朋友寄给他的几服（fù）治胃病的中药。王聘贤抱着试试看的态度服用了几次，没想到，不久，困扰他多日的胃病竟然神奇地痊愈了。王聘贤非常震惊，于是下决心回国学习中医。回国后，王聘贤四处拜师，埋头苦学，很快就闻名四方，成为贵阳四大名医之一。

　　同时，王聘贤还喜欢收藏和研究中医古籍。一个偶然的机会，王聘贤见到了《补遗雷公炮制便览》，书中丰富的内容和生动形象的插图立刻深深地吸引了他，而且王聘贤又以他丰富的学识，敏锐地意识到这是宫中之物，只是在清末改朝换代之时，不幸流散宫外。王聘贤生怕这些宝贝再出现什么闪失，于是花重金买下了这部中医典籍，一直珍藏在身边。

1965 年，王老病重，临终前，他嘱咐后人要将这部书无偿捐献给国家。王老的后人忠实地执行了遗嘱，将《补遗雷公炮制便览》捐给了国家，入藏卫生部中医司。1998 年，《补遗雷公炮制便览》又移交给了中国中医科学院图书馆，后被纳入"中医古籍抢救工程"，整套古籍得到细致的整理和修复。

2002 年，中国本草研究专家郑金生与裘俭发表论文第一次公开介绍这部专著，此书才被世人所知。2005 年，上海辞书出版社又仿真彩印了全书，在中医界引起了很大轰动，中国国家图书馆文献学首席专家李致忠称此书为"绝无仅有，传世孤罕，弥足珍贵"。

至此，沉寂了 400 多年的中医国宝典籍，终于重新出现在世人的面前。那么，作为中国历史上第一部以中药炮制为内容的传世典籍——《补遗雷公炮制便览》书中都展示了哪些丰富的内容呢？

《补遗雷公炮制便览》是中国明代一部关于中药炮制和药理、药性、药味、药效的综合性彩绘本草图书。

中医药文化历史悠久。中药古称"本草"，中国最早的一部中药著作是成书于西汉初期的《神农本草经》，最著名的是明代李时珍的《本草纲目》。《补遗雷公炮制便览》与《本草纲目》同样都产生于明代，但由于深藏皇宫之中，无法印刷传世，因此李时珍也没能见到《补遗雷公炮制便览》的真本。

《补遗雷公炮制便览》共 14 卷，分为金石、草、木、人、禽、果等 10 部，记载了药物 957 种。专家说，此书出自明代宫廷，由宫廷画师编绘而成，是中国历史上第一部炮制中药的专门图谱。

每卷图谱由文字和插图两部分组成：每一药的文字介绍药物的性味、功效、主治等；部分药物中引用了"雷公云"的文字，讲述各药的炮制方式；部分药物条文之后还附有七言歌诀，归纳药物的性味功能。如卷七的木部，"桐叶"一栏下，是一株挺拔的桐树插图，并配以文字说明"桐叶味苦寒无毒，主恶蚀疮著阴……"，歌曰"桐叶原无毒苦寒，单方主恶蚀疮乾……"，生动地介绍了桐树的药性和疗效。

《补遗雷公炮制便览》的插图绘制最为精彩。翻开图谱，一幅幅精美的图画映入眼帘，书中共绘有 1000 多幅插图，画师以精湛的技能，出神入化地描绘了各种药物的形态、生长环境、炮制方法和炮制工具等。

全书共绘制了 579 种植物，有昌蒲、菊花、人参、甘草、胡椒等；352 种动物，有孔雀、雄鸡、水牛、白鹤、鸳鸯等；还有雄黄、水银、云母、灵砂等在内的 138 种金石矿物，可谓包罗万象，都描绘得栩栩如生。

一般的本草图谱，很少有人物绘画。有趣的是，由于《补遗雷公炮制便览》新增了许多药物炮制、采集图，从而描绘了 866 位人物，包括有帝王将相、达官贵人和大众百姓等。

如卷二金石部有一组命名为"犁下土"的插图：古代帝王每年春天要进行一次耕籍之礼，亲自掌犁推行三周，称为"三推"。画面中，皇帝亲自掌犁耕土，文武百官站于皇帝的周围，形象地再现了当时天子亲耕祭天的壮观场景。

除了帝王将相，书中刻画最多的还是那些正在忙碌的药工形象：他们神态不一，服饰不同，有的神情专注，有的挥汗如雨……每一个人物都刻画得形神兼备，呼之欲出。

书中炮制图还展示了中药的各种炮制方法，分为水制、火制、水火共制三大类，其中涉及漂、泡、炒、煅、烤、蒸、煮等许多细致的炮制法。如"炮制胡椒"图中，两名药工一前一后，正在奋力推碾子，表现了中药炮制中"碾磨"的工序。

"炮制代赭"图中，身着紫色和蓝色衣服的药工，正在煅烧和炒制代赭，火苗熊熊燃烧，这是炮制方法中的火制。

如果将这 1000 多幅彩色图画展开连起来欣赏，出现在眼前的就是一幅 16 世纪末中国明朝社会的风貌图，堪称明代社会风俗的"清明上河图"。令人叹为观止的是，400 多年过去了，这些彩图依然艳丽如新，层次分明，一草一木，一髯一发，无不栩栩如生，不仅具有很高的学术价值，还有极高的艺术价值。

食疗又称食治，顾名思义，就是以饮食治病的意思，中国食疗文化源远流长，春秋时期儒家的创始人孔子，享年 72 岁，孔子的长寿就与他十分讲究饮食之道有着密切的关系。

到了战国时期，出现了中国第一部医学理论专书《黄帝内经》，书中对食疗已经有了较多的记载。那么，这部明代宫廷珍本《补遗雷公炮制便览》，又是如何记载食疗的呢？

对此，专家解释道：羊乳、牛乳，这在很早就是作为补养品。我们国家的本草里面有重视食疗的传统，在用药以前，如果能采用食物治疗治好病，这才是最好的医生。

除了食疗，《补遗雷公炮制便览》还记载了有关美容的内容。

书中有一幅"蕗葵"图，画面中，侍女正在向一位身着华服的贵妇进献蕗葵果实。

蕗葵是一种多分枝的亚灌木植物。"蕗葵"图旁的文字说，"蕗葵味酸寒，无毒，主消肿散热，实主悦泽人面"。意思是说，通过食用蕗葵，就能达到消肿散热的美容功效。

除了 1000 多幅炮制图，画师们还绘制了 50 多幅形式各样的辅助图，其中最引人注目的是"人部"辅助图。如"人乳汁"图：屋内，年轻的母亲正在给孩子喂奶。门口，一位女仆小心翼翼地端着盛有奶水的碗，一位老汉捧着瓦罐，面向着女仆，作乞讨状。乳汁是喂养孩子最具营养的食品，此外，对成年人还有补五脏、滋润肌肤的功效。

因此，《补遗雷公炮制便览》也是中国古代一部全面介绍食物营养学和食疗法的医学著作。

《补遗雷公炮制便览》作为中国历史上一部全面介绍中药治疗和食疗养生的医学著作，与《神农本草经》《本草纲目》等都堪称中华医学文化宝库中的瑰宝，对中西医学的研究和发展有着重要的意义。

福建舆图

　　国宝《福建舆图》是一幅地图，这可不是一般的地图，如果把它挂起来，要三个人踩着肩膀才能够到它的顶端，这幅地图又像是一幅画在丝绸上的山水画，精美无比。据说它是中国现存的最大的一幅地图。

《国宝档案》带你领略中国古代最大的省级地图

闽地城池　详分野
山河一统　定乾坤

本集顾问·鲍国强

　　为了一睹国宝《福建舆图》的庐山真面目，我们专程来到中国国家图书馆进行采访。

　　在中国国家图书馆的善本库，四名工作人员齐心合力，才将一个大木箱子抬了出来，木箱的盖子上雕刻着三条身姿矫健，作势欲飞的金龙，中间有四个洒着金粉的大字——福建舆图。

　　舆，在中国古代原意指车的底座，是用来承载物体的，因为地图上要绘制四方风物，山川城池，好像是在一张纸或一幅丝绢上托载着它们一样，所以地图又被称为舆图。

　　工作人员将箱子打开，我们看到，里面的地图像被子一样叠放整齐，厚厚一摞。工作人员齐心协力且小心翼翼，才

将地图展开，它长 6.4 米，宽 6.4 米，满满地铺了整个屋子，真是蔚为壮观。

国宝《福建舆图》是中国迄今为止发现的最大的一幅古代省级地图，标注的是当时福建全省各个府、州、县的具体位置，城镇、山川、道路以及重要的关隘、山寨、岛屿、口岸等都被一一描绘出来，一览无余。

《福建舆图》气势恢宏，非同凡响，它彩绘在青绿色的绢底上，四周用宽 55 厘米的黄缎子镶边，黄缎子上又用金丝线精巧地绣出了 9 条金龙，条条活灵活现、栩栩如生，把全图衬托得极为富丽堂皇。

名称：福建舆图
长：6.4 米
宽：6.4 米
年代：清朝康熙年间
级别：国家一级文物
现藏：中国国家图书馆

我们在赞叹《福建舆图》规模巨大、描绘细致精美的同时，也不禁要问，是谁绘制了这幅地图？又为什么要绘制这样的一幅巨大的地图呢？要回答这些问题，还要从清朝康熙皇帝说起……

清朝康熙二十一年，也就是公元1682年的一天，年轻的康熙皇帝在他的寝宫内秘密地召见了一个人，这个人不是别人，正是当朝的福建水师提督施琅。

施琅原是郑成功手下的一员大将。公元1662年，他跟随郑成功从荷兰殖民者手中收回了宝岛台湾。

郑成功死后，其子郑经一心想恢复明王朝，把台湾作为反清复明的基地，而施琅却受到排挤，最终施琅归顺了清王朝。

归顺清朝后的施琅时时心念台湾，他不断上疏朝廷，希望能亲自领军攻打台湾，为国家统一建功立业，这一天终于来到了。

公元1682年康熙皇帝终于下决心，令施琅率军攻打台湾。1683年7月，施琅率领大军，乘风破浪，向台湾进军，全歼郑军主力，取得了全面胜利。当捷报传到北京时，正值中秋佳节，康熙望眼长空皎月，喜于全国各族团聚，挥毫写下《中秋日闻海上捷音》诗一首：

万里扶桑早挂弓，水犀军指岛门空。来庭岂为修文德，柔远初非黩武功。牙帐受降秋色外，羽林奏捷月明中。海隅外念苍生困，耕凿从今九壤同。

随后，康熙皇帝又接受施琅的建议，于第二年也就是公元1684年，决定在台湾设官驻兵，正式设立一府三县，这就是台湾府和台湾、诸罗、凤山三县，再加上澎湖列岛等，都隶属福建省管辖，这是宝岛台湾第一次在区划上以府的级别归属清王朝的中央统治。

为了显示清朝在平定台湾之后，四海升平，国家一统的大好局面，福建地方官员专门组织人力物力制作了一幅巨型的《福建舆图》，并把它呈献给康熙皇帝，以彰显国家太平盛世，赞颂康熙皇帝统一国家的功绩。

这幅《福建舆图》既然是要进献给康熙皇帝的，绘制起来自然马虎不得，它不但要实用，还要好看，所以，《福建舆图》从材料的选择到绘制的方法都是精益求精……

绘制《福建舆图》所使用的材料，是明清时期名扬海内外的湖州丝绸，湖州丝绸具有"细、圆、匀、坚、白、净、柔、韧"的特点，它轻如蝉翼，薄如晨雾，而且书写流畅，保存长久。

由于《福建舆图》面积很大，所以在制作的时候，它的主体部分由12条丝绸拼缝而成，而且拼得天衣无缝。有意思的是，为了让《福建舆图》更结实，绢丝要缝制两层，像衣服一样一个里儿一个面儿。

为了形象直观，《福建舆图》采用青绿山水画的技法绘制，用矿物质颜料作为主色，见山画山，见水画水，形象生动。您瞧，这是武夷山，这是戴云山，这是闽江，这是九龙江，直观生动。

据专家介绍，如果将《福建舆图》上的文字去掉，它就像一幅生动的山水画，一座座山峰，一条条江河，高山流水，跃然图上。

福建舆图

　　在《福建舆图》上，我们能看到许多熟悉的地名，福州、漳州、泉州等，绘者将比较重要的城池进行一一勾描，城墙的形象具有较强的立体感，重要的建筑还用文字注明。

　　作为进献皇帝之物，作为彰显天下一统太平盛世和赞颂康熙皇帝收复台湾功绩的《福建舆图》，最有意义的是将已经隶属福建省管辖的宝岛台湾着重标出，这标志着台湾已归属大清朝版图。这是台湾府，这是台湾、诸罗、凤山县和澎湖列岛，一府三县清楚明了。《福建舆图》全图完成之后再在四边镶上绣有云龙图案的黄绫，金碧辉煌，充分彰显皇家气派。

　　《福建舆图》篇幅巨大，绘制精美，可是这样一幅鸿篇巨制是怎样被绘制出来的呢？

《福建舆图》是中国现存最大的一幅古代省级地图，对福建省重要的山川、城池都进行了细致的描绘。

《福建舆图》的重要意义是它将隶属福建省管辖的台湾岛标示出来，并注明台湾府和台湾、诸罗、凤山县三县的位置。而最难绘制的就是台湾的地貌和各个地方的位置。

说到《福建舆图》中绘制的台湾地貌，就不能不首先提到收复台湾的施琅将军了。施琅在台湾生活多年，他熟悉台湾的地理地貌。相传，施琅在收复台湾之前，就曾在家自制了台湾地形的沙盘；为了更准确地绘制台湾，施琅还让自己的儿子长期留在台湾岛和澎湖列岛考察，为收复台湾做出了贡献，也为绘制《福建舆图》奠定了基础。

《福建舆图》更是集体智慧的结晶，它是由一批画家协作完成的。为了绘好舆图，画家们查阅了古人众多的有关台湾的文字和图示资料，进行严格的考证，将山川景物按一定的比例缩小，从而保证了《福建舆图》的准确性。

在中国古代有许多描绘台湾的文字和图示资料，都证明了台湾自古以来就是中国领土的一部分，也为《福建舆图》最终的绘制完成提供了翔实的历史参考。

相传，《福建舆图》呈献给康熙皇帝后，康熙皇帝还专门派测绘人员渡海登上台湾岛，进行实地测量，与实际情况相比，《福建舆图》在经度上误差只有半度，可见其准确性是相当高的。

这幅气势恢宏的地图翔实地记录了清朝康熙年间福建省以及宝岛台湾的行政区划，作为进献给康熙皇帝之物，《福建舆图》一直被妥善地收藏在紫禁城中，那么，后来它又是怎么到了中国国家图书馆的呢？

清朝时，《福建舆图》被收藏在内阁大库中。清朝的内阁大库设在紫禁城内阁大堂的东侧，戒备森严，相当于今天的中央档案馆。

公元 1909 年，中国国家图书馆的前身京师图书馆成立，清政府下诏调拨内阁大库的一部分藏书给京师图书馆，《福建舆图》也名列其中，从此正式入藏京师图书馆。

作为国家图书馆珍藏的国宝级文物，许多专家都希望能够对《福建舆图》进行更深入的研究，然而，就在专家们准备进一步研究《福建舆图》的时候，却突然发生了变故……

1931 年，震惊中外的九一八事变爆发，日本侵略者开始大举进攻中国东三省，北京城也处在日本侵略战争的边缘。

许多珍贵的国宝文物岌岌可危。京师图书馆最终决定：赶在日寇入侵前将国宝南迁！

一连几天，京师图书馆的灯光彻夜不熄，工作人员紧张有序地在善本文物中挑选精品，将它们连夜打包、装箱，准备转移，《福建舆图》也名列其中。

在战火硝烟中，这批文物颠沛流离。直到 1945 年，抗日战争胜利，本来国宝应该有个安定的归属了，然而，由于内战爆发，它们再次陷入了炮火之中。

1949 年初，国民党政府撤离南京，退踞台湾，同时他们将南迁的这批文物连同南京博物院等地的藏品也运往台湾。

奇怪的是，为什么列在南迁文物目录中的《福建舆图》，却没有被运到台湾而是保留在了中国国家图书馆呢？

一份 1946 年的油印资料为我们揭开了其中的秘密……

原来，当年编号为156号的《福建舆图》实际上并没有被装箱南运，而是留在了北平，它的旁边括号里清楚地标明"留平"二字。至于它为什么没有被装箱南运，众说纷纭。

有人说，可能是由于《福建舆图》的珍贵，当时的有识之士故意把它留下了；也有人说，也许当时时间紧迫，战火纷飞，《福建舆图》，搬运不便，工作人员将它落下了。

至于当时真实的情况我们已经无从考证，但幸运的是，留在北平的《福建舆图》一直藏在中国国家图书馆的地库里，它躲过了战火硝烟和岁月的坎坷，最终完好地保存了下来。

《福建舆图》体现了中国古代地图的实用性、艺术性和科学性，其宏大的规模可谓盛况空前，是中国现存最大的一幅古代省级地图。

《福建舆图》精工细作，它采用青绿山水画的技法，一山一水、一城一池都形象具体。它的四周用宽55厘米的黄缎镶边，黄缎上又用金丝线精巧地绣出了九条金龙，象征着皇帝九五之尊的权威，九条金龙条条栩栩如生，把全图衬托得富丽堂皇。

《福建舆图》彰显了大清王朝平定台湾之后，四海升平，国家一统的大好局面和康熙皇帝统一国家的功绩。它精确地标明了台湾宝岛的地理风貌，表明了在清朝，台湾已隶属福建省管辖，作为清朝中央政府的一个府的行政区域划分，统一在中华民族的全国版图之中。

《福建舆图》再次说明自古以来，台湾与祖国大陆不可分割的历史事实，具有极高的文献和艺术价值，是当之无愧的国之瑰宝。

福建舆图

《福建舆图》作为清朝康熙年间绘制的一幅地图，是一部大型的地图瑰宝，它翔实地记录了宝岛台湾的地理风貌，再一次证明了台湾是中国领土和主权不可分割的一部分。

壁 遗 古 国宝档案

画 址 筑建

泰山神启跸回銮图

中国山东民间自古流传着一句老话："济南府的人多，泰安州的神全。"之所以有这么一说，是因为闻名遐迩的东岳泰山就位于泰安州境内。的确，泰山自古就有"神山"之称，这里神佛众多，传奇故事也多。《泰山神启跸回銮图》就是一幅描绘中国古代传说中的泰山神巡游天下的大型壁画。

为平息众怒宋真宗泰山封禅作巨幅壁画再现泰山神威严

《国宝档案》讲述《泰山神启跸回銮图》的传奇

本集顾问·刘惠

在风景秀丽的泰安岱庙中，保存着一幅古代大型壁画，这就是《泰山神启跸回銮图》，它长 62 米，宽 3.3 米，画中人物多达 697 人。这幅壁画描绘的是中国古代传说中的泰山主神之一——东岳大帝巡游天下的情景，气势恢宏、场面壮观，充分展现了泰山神的威严之姿。

《泰山神启跸回銮图》由泰山神《启跸图》和《回銮图》两部分组成。《启跸图》也就是出巡图，描绘了泰山神离开宫殿出巡时的场景。宫殿前有殿中侍卫、内宫嫔娥，以及 18 学士端立恭送，他们面部表情生动，神态栩栩如生，目光都仰视正前方的东岳大帝泰山神。只见泰山神双手举圭于胸前，端坐在玉辂，也就是车辇之中，他身着青边黄袍，端庄威严。

泰山神，又被人们称为东岳大帝，是掌管泰山的主要神灵之一。传说他洞晓世间一切善恶，是一位执法严厉的神明。有关他的身世之谜，历来都有不同说法，其中金虹氏说最为玄妙。相传，泰山神是盘古的后裔，他的母亲夜里梦见自己吞下了太阳，后来就生了一个儿子，取名金虹氏，这个金虹氏便是泰山神。

传说毕竟是传说，有关泰山神的由来，近几年又有了一种新的较为科学的说法。远古新石器时代，泰山周边生活着一支部族，叫少昊氏，这是一个崇拜太阳和大山的部族。著名的大汶口遗址就是少昊氏的遗存，当年在发掘大汶口遗址的时候，出土了不少带有"山"字形符号的文物。所以，不少专家推断，少昊氏部族的首领极有可能是泰山神的前身。

壁画中，泰山神处于中心位置，凸显出至高无上的地位。而在他的不远处，还有两顶轿子并行，上面乘坐着泰山神的第三个儿子炳灵王和道人延禧真人。两人的前方则绘制着一群瑞兽，有麒麟、白象等。其中白象的背上有一人抱瓶，瓶中飘出七彩祥气。《启跸图》的最后部分为迎驾泰山神场面，浩浩荡荡的迎接队伍中多为穿文官服饰的官员，其中也夹杂着一些鬼怪形象。

与《启跸图》相呼应的则是《回銮图》，它展示的是泰山神打道回宫的情景。图中的人物和场面与《启跸图》大致相同，只是增加了两个夜叉抬虎和骆驼驮卷宗，以展示泰山神出巡的圆满成功。

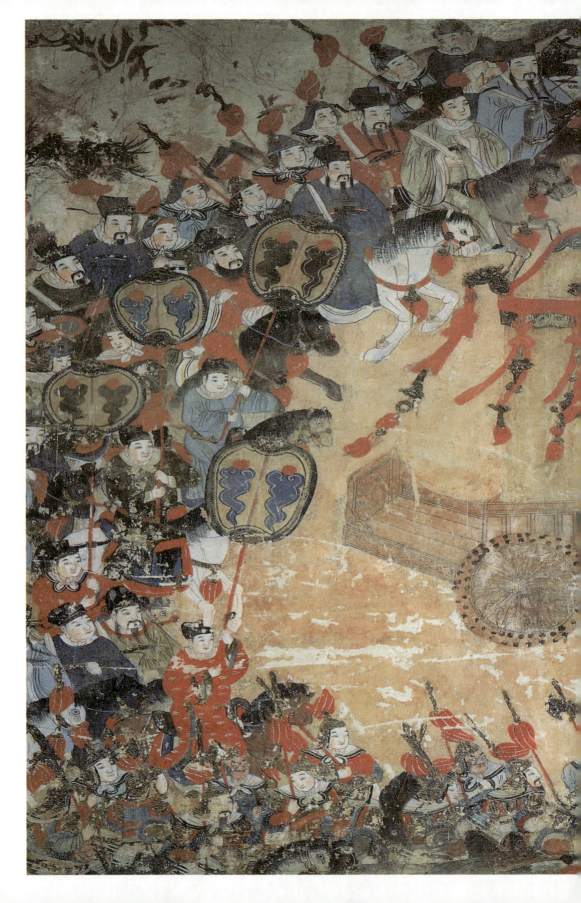

名称：泰山神启跸回銮图
长：62米
宽：3.3米
年代：北宋
等级：国家一级文物
现藏：山东省泰安市岱庙

相传，泰山神每年都会巡游天下，他的车辇所到之处，更是鸾旗飞卷，百兽欢舞，这种盛况从壁画《泰山神启跸回銮图》中就可欣赏到。不过，据考证，《泰山神启跸回銮图》中的泰山神却是一位人间帝王，他是以自己出巡为蓝本绘制的这幅大型壁画。那么，这位帝王究竟是谁呢？咱们还是从北宋历史上虽胜犹败的"澶渊之盟"说起……

公元 1004 年，是北宋景德元年。这一年，北方辽军大举南下，再次入侵北宋王朝，并直指北宋都城——河南省开封市。

辽军的举动使北宋朝野哗然、大为震惊。当时，正值宋真宗赵恒统治时期。这位北宋王朝的第三位皇帝，在历史上以胆怯、畏战、无能出名，当他听闻辽人南侵，威胁到都城的安全时，惊惶失措，不禁乱了方寸。

为了挽救失利的战局，宋真宗赵恒召集满朝文武日夜聚集在朝堂上商议，但战败的消息还是一个接着一个传来……

面对这种情况，不少官员建议将都城迁往四川等地，以求安全。但是，这一提议立刻遭到了宰相寇准的反对，他力排众议，主张抗战，甚至宣称谁要敢再提迁都，将就地惩处。随后在寇准的主持和建议下，宋真宗赵恒来到了作战前线——澶州，也就是今天河南的濮阳县督战。

见到皇帝和宰相亲临，北宋将士欢欣鼓舞、士气大振，他们奋勇杀敌，在澶州城下大败辽军。

可是，懦弱无能的宋真宗却在前线如坐针毡，惶惶不可终日。他先是向辽军表示自己愿意和解，然后又派人和辽军进行谈判。此举虽然遭到了北宋百姓的极力反对，但最终以北宋每年向辽国交纳 10 万两岁银、20 万匹绢为代价，签订了和约。这就是中国历史上虽胜犹败的"澶渊之盟"。

尽管北宋和大辽签订了"澶渊之盟"，但并不等于解决了北方的边患问题。辽人的存在始终使宋真宗惶惶不安。左思右想后，宋真宗决定，仿效古人泰山封禅，以镇服周边的少数民族和平息国内百姓的怨言。

于是，公元 1008 年 10 月，宋真宗一行人浩浩荡荡从开封出发，经过 17 天的跋涉，抵达泰安，拉开了中国历史上一场并不光彩的封禅大典序幕……

中国历代帝王封禅，必须要有突出的功绩才能进行。而宋真宗却是在打了胜仗的情况下，还求和纳贡，这就不得不令人感叹，他有何功绩能泰山封禅呢？不过尽管如此，宋真宗还是给泰山留下了一些珍贵的文物，壁画《泰山神启跸回銮图》就是其中之一。那么，这幅壁画究竟是怎么绘制而成的呢？

话说宋真宗泰山封禅之后，心情十分舒畅，为了感谢天地对自己的庇佑，特地命人在泰山脚下修建了一座天贶（kuàng）殿，以资纪念。几个月后，一座宏伟壮观的大殿完成了。大殿修好后，泰安县令上疏建议：何不在殿内的墙壁上绘制一幅大型壁画，既美观又大方，至于壁画的内容，可采用泰山神出巡时的宏大场面。

泰安县令的提议立刻得到了宋真宗的嘉许，他下令，要亲自审定壁画的画样。接到圣旨，县令马不停蹄地找来了泰安周边有名望的画师，开始作画。很快，壁画的画样出来了，并被送往京城。

觉得自己完成了皇上的任务，县令美滋滋地坐在家里等待消息，不想，几天后，从京城传来圣旨，宋真宗觉得泰山神出巡的场面不够宏大，有失皇家气派。

县令一听，心急火燎地又召集画师重新绘制。这回，县令格外小心，他再三叮嘱画师们要使出浑身解数，务必让皇上满意……这样，第二稿在众人的期盼中又被送往了京城。结果宋真宗仍不满意，并下了口谕：事不过三，如果再拿不出好的画样，相关人等一律革职查办。

知县一听，不禁傻了眼，自己本想凭借壁画升官发财，不料却惹祸上身，这下可怎么办才好？想着想着，知县火冒三丈，将怒气全撒在了画师身上，认为他们办事不利，才会连累自己。于是，将画师全打入死牢。

回到家中，知县愁眉苦脸。他的夫人见了，知道又遇上麻烦事了，问清原委后说道："老爷真是糊涂，如果把那些画师都打入死牢，谁还能为你画画，依妾愚见，作画是需要灵气的，你不妨以礼相待，那些画师才能画出好画来。"知县一听，觉得有道理，便又下令对画师酒肉相待，细心伺候。

但是，此时的画师们早已被吓破了胆。他们深知，拿不出皇上满意的画样，照样会性命不保，哪还有心情喝酒吃肉、安心画画。就在大家焦躁不安的时候，知县夫人传出话来：皇上泰山封禅，不就象征着泰山神出巡天下吗？照着那场景画，皇上一定满意。

一席话惊醒梦中人，众画师一听，急忙连夜重新赶制。这次的画样，果然赢得了宋真宗的欢心。这也就是《泰山神启跸回銮图》为什么会以宋真宗出巡为蓝本的原因了。壁画完成后，占据了整个天贶殿的三面大墙，气势恢宏，场面壮观，堪称泰安一绝。那么，如此经典的一幅壁画，在千年的岁月流转中又经历过那些变故呢？

《泰山神启跸回銮图》最早的记录是北宋诗人苏辙写的一首诗"登封尚坛墠，古观写旗队。戈矛认毫末，舒卷分向背"。此后，又有一些典籍陆陆续续记载了有关壁画的细枝末节。

这幅壁画自诞生以来就经历了不少波折，其中有天灾，也有人祸。据《泰安县志》记载，清康熙七年（1668 年），泰安发生大地震，其中天贶殿墙体被严重破坏，墙壁上的《泰山神启跸回銮图》也未能幸免。在这种情况下，当地县府根据以前保存的画样，对壁画进行了补绘。

而后来，围绕着壁画更是上演了一幕幕悲喜剧。1925 年济南"五卅惨案"发生以后，泰安成为了山东省临时政府所在地。当时军阀孙良诚任山东省政府主席，他为了供应泰安物资，决定把包括天贶殿在内的岱庙拆掉，建成市场。

就在孙良诚和部下商量如何拆岱庙的时候，一个美国人却找上门来。原来，他看上了天贶殿内的《泰山神启跸回銮图》，打算出资 30 万大洋，买下壁画，运回美国。孙良诚一听，脑子马上盘算起来：我建一个市场需要 8 万大洋，现在一幅壁画就值 30 万大洋，看来这幅壁画是很值钱呢！再三思量后，孙良诚却拒绝了美国人的要求，没把壁画卖出去……

时至今日，人们虽然不清楚孙良诚当初不卖壁画的真正原因，但《泰山神启跸回銮图》免去了流失海外的命运，实在值得庆幸。

《泰山神启跸回銮图》向人们展示的艺术成就，是不可估量的。它延续了唐代大画家吴道子"衣带当风"的画风，使画中人物充满了飘逸灵动的感觉。此外，壁画中的亭台楼阁也是相当的恢宏，每座建筑飞檐凌空、城楼高耸，一派皇家气势。由于壁画是清代补绘的，所以画面上有不少地方又显现出西方油画的风格。

这幅壁画虽是描绘泰山神出巡，却是以宋代帝王出巡的规格来绘制的。如泰山神驾驭六匹青马，士兵持旗夹道前引，驾前设仪刀、仪戟、仪斧、四方神图腾等，都符合宋代天子出行的仪卫制度。这为人们研究中国宋代以来帝王仪卫与服饰制度的沿革，提供了珍贵的历史资料。

《泰山神启跸回銮图》画面车水马龙，人物丰富，再加上祥兽坐骑、山石林木、宫殿桥涵，实在是体大思精，场面壮观。这样的大型古代壁画在中国壁画史上是绝无仅有的。

《泰山神启跸回銮图》不仅向人们展示了宋代皇帝泰山封禅的情景，也是中国历代帝王泰山封禅的历史见证。

泰山神，是中国泰山宗教文化的重要组成部分，以其为主题创作的《泰山神启跸回銮图》，更是泰山的文化巨制，弥足珍贵。

永乐宫壁画

永乐宫壁画已有 700 年历史。700 年来，永乐宫壁画发生了许多的故事，而它最富传奇的故事却发生在 40 多年前，现在就让我们先从永乐宫讲起……

永乐宫，位于山西省南部的芮城县，是中国元代建造的一座著名道教庙宇，它规模宏大，布局严谨。龙虎殿、三清殿、纯阳殿和重阳殿四座殿宇，飞檐凌空、斗拱重叠交错，堪称中国元代宫廷建筑的典范。

永乐宫以精美的大型元代壁画著称于世，它的四座殿宇里都有不同的壁画，总面积 1000 平方米左右，描绘的都是中国古代传说中的神仙。龙虎殿壁画有城隍、土地等 32 尊神像，人物高大挺拔；三清殿壁画《朝元图》描绘大小神像 286 尊，气势磅礴；纯阳殿，俗称吕祖殿，壁画《纯阳帝君神游显化图》及《八仙过海图》等，描绘的是吕洞宾的一生；重阳殿壁画《王重阳神话传记图》，描绘的是中国道教全真

古刹壁画精美绝伦

整体搬迁世所罕见

《国宝档案》讲述永乐宫壁画搬迁的传奇

本集顾问·萧军

国宝档案 ●

101

派创始人王重阳的传奇故事。永乐宫壁画，画工细腻、用色和谐，面积之大，描绘之精美，在世界上都极为罕见，被誉为中华艺术的瑰宝。

然而，位于芮城县的永乐宫，最初并不建在这里，而是距此约30公里的永济（今山西永济市）永乐镇，永乐宫也是由此得名。永济（今山西永济市）是一座文化古城，这里有著名的鹳雀楼、黄河大铁牛，《西厢记》故事发生地——普救寺也在这里。那么，永乐宫为什么要从永济搬到芮城呢？

1956年，中国要修建三门峡水库，而黄河北岸的永乐宫，正好位于计划中的蓄水区，水库建成后永乐宫将被淹没在库区中。为了保护这一瑰宝，国务院决定将永乐宫及壁画整体迁移，周恩来总理亲自指示，一定要把永乐宫及壁画保护好。

永乐宫搬迁的新址是30公里外的芮城县，这里山清水秀，富饶美丽，滔滔不绝的黄河孕育着它古老的文明，大禹渡、广仁王庙、圣寿寺舍利塔等名胜古迹远近闻名。

然而，将永乐宫这样一座有着数百年历史的辉煌建筑和近千平方米的精美壁画整体搬迁谈何容易？这样一个浩大的工程在中国历史上从来没有先例。那么，怎么才能将永乐宫搬到30公里外的芮城呢？当时大家想了很多办法，其中之一就是请外国专家帮忙。

1956年夏天，两位捷克专家被请到了山西省。当时从村里最有钱的一户人家那借来了一辆老轿车，轿车上带着大红花，一路上突突突地开到了永乐宫，全村老百姓都出来看，兴师动众的，特别热闹。

捷克专家首先来到永乐宫三清殿，大门打开，随着徐徐的光线，捷克专家惊讶地瞪大了眼睛。只见殿内四壁画满了

永乐宫三清殿

壁画，全长近百米，画面壮丽，金碧辉煌。壁画上的神像平均身高两米半左右，气势恢宏，栩栩如生。神像足底祥云缭绕，背后瑞气浮腾，使人一进此殿，就有身临仙境之感。

这是以帝君像为主的壁画，叫《朝元图》。画中，帝君身着龙袍玉带，足登云头靴，端坐于蟠龙宝座之上，神情肃穆。

西壁是以圣母为主的一组画面，圣母神情静谧安详，头戴凤冠，端坐于凤椅之上。

画中神像，青龙白虎铠甲鳞鳞，神采飞扬；天猷元帅三头六臂，臂执武器，神奇威猛。

捷克专家看到这些精美巨大的壁画，惊奇不已。可是规模如此巨大的壁画如何整体搬走呢？捷克专家面对如此巨大的壁画也犯难了。在国外并没有壁画，有的都是油画。捷克专家提出一个办法，就是用化学药品注射到墙皮上，将壁画软化，然后再把壁画揭下来。这也是国外剥离油画的经验，但是这种方法对泥质壁画是否有效，壁画软化后还能不能再硬化，化学药品的作用会不会使壁画掉色，面对这些问题，捷克专家并没有十足的把握，他们表示只能试试。

不仅如此，捷克专家还提出，揭取壁画相当复杂，不能够保证工期，而且开出了 500 万元的价钱作为经费。

面对捷克专家这样苛刻要求，想到这种揭取壁画的方法可能带来未知的损失，中国专家最后毅然决定，自己动手完成壁画的迁移。那么，到底用什么样的方法才能够既不损坏壁画，又完成壁画的整体迁移呢？

中国专家经过周密研究，最后确定了完整的壁画迁移方案，这就是临摹、揭取、粘贴三步方案，并决定进行大胆尝试，土法上马，这就是先将壁画切割下来，迁移到新址后再进行粘贴修复。

1958 年，北京美院和华东美院 60 多名学生，相继来到了永乐宫，他们用了一年的时间将壁画全部临摹下来，留作资料。摹本也作为国宝收藏于北京故宫博物院。

永乐宫壁画是画在土坯的墙面上，这批元代壁画，跨越近 700 年岁月几经地震和风吹雨淋，木柱腐朽，殿基下沉，壁画也随之凸凹不平，画面表皮非常脆弱，这些都增加了搬迁的难度。

揭取时，如果将壁画整块揭取，可能由于其面积大，局部地方又很酥松，很容易破碎。如果分块揭取，在人物密集的地方会伤及人物的头、手、冠戴等精致部分，造成壁画的损毁。如何才能确保搬迁而不损坏画面呢？

专家们经过反复试验，决定采用画面封护法，就是在壁画上涂一层胶矾水，避免画面颜色在揭取和加固中脱落。然后，再将画面分成 3 平方米或 6 平方米的若干画块，用专门工具进行揭取，壁画揭取时尽量在伞扇、长柄、神座、屏风等地方进行切割，避开人物的头、手等部分，将画面的伤害降到最低。

每块壁画揭取下来后都要进行仔细编号，以便日后重新粘贴修复。

专家们用这种原始的方法，要将壁画一点点揭取下来，可谓困难重重，永乐宫壁画总面积在 1000 平方米左右，在壁画揭取中还真的就发生了意外。那么，意外中壁画有没有损失呢？

永乐宫壁画的迁移是一项复杂而艰巨的巨大工程。1960 年 10 月底，黄河三门峡即将放水，时间紧迫，为保证在蓄水前全部完成壁画的揭取任务，工人们夜以继日地不停工作，当时参加壁画揭取工作的多达 500 多人。比较大的画块从四五米高的地方往地上卸，稍松一下手，墙皮肯定裂缝，既不能快，也不能慢，缓缓地，一点点往下降。

这一天，技术人员开始揭取永乐宫纯阳殿的壁画了。

纯阳殿，又名吕祖殿。纯阳殿壁画共 212 平方米，壁画题为《纯阳帝君神游显化图》，通过 52 幅连环画的形式，生动形象地描绘了八仙之一吕洞宾的一生。壁画内容包罗万象，宫廷、山野、村舍、舟船、酒楼、茶肆、厨房、医

永乐宫壁画

官样样俱全。"黄粱梦觉"描绘的是乡村旅店的景象；"神化赵相公"描绘了私塾儿童读书的情形；"滋济阴德"则向人们显示了当时贫富悬殊的社会生活；每幅画都充满了浓郁的乡土生活气息。

"瑞应永乐"描绘的是吕洞宾降生的故事。画面将吕洞宾安排在画面中心部位，四周围绕着五彩祥光，画面上山石树木房舍的环抱、云气的迂回、飞鹤的俯冲，形成了很好的陪衬，使主体人物突出醒目。

画面上人物的处理人情入理，生动传神：母子相对，母亲的疲惫与婴儿的健壮很好地联系在一起。通过喜婴活动，燃着云香，院落里匆忙走动的人，有的看鹤，有的看婴儿，将婴儿出生前后人们的心理表现得淋漓尽致。院外骑马与步行的人们穿着不同的服饰，表情不一，代表着社会上不同阶层的人们。构图用传统鸟瞰的方法，使门内外、院落和室中的人物活动一览无遗。整幅壁画气势磅礴，笔法细腻生动，画上人物都鲜活得仿佛能从墙上走下来似的。

工程技术人员揭取壁画共有四种方法：一是用偏心轮机锯截取，二是拆墙剔取，三是双人拉大锯剔取，四是铁铲撬取。

这一天，工程像往常一样在有条不紊地进行着，突然，有人大喊一声："不好！"当时揭取壁画时，有一条绳子突然出现了故障，大家一时都傻了，如果壁画掉在地上一定会被摔碎，这些壁画都是不可再生的，毁了就没了，这种损失非常巨大。当时有一位技术人员反应非常快，一个箭步冲上去，跳到甲板上用自己的身体把壁画扛住，避免了这种损失，大家才松了一口气。

工程技术人员就是用这种最原始的方法，破天荒地完成了永乐宫壁画的揭取工程。永乐宫壁画共被锯成了550多块，每一块都标上了记号，而接下来要做的就是将壁画打包装车运往新址了。

为了包装和运输安全，在割取壁画的同时，工程技术人员事先制作好了与画块相等的木板，也叫壁板。

在壁板一端安装90°的角铁，摘取下来的壁画，按照画块大小的规格，放在壁板里，根据壁画凹凸不平的状况，再用棉花和细纸填满空隙，保证运输的稳当。

再将装有壁画的壁板小心地包装起来，按照编号和修复的顺序妥善存放，运往永乐宫的新址——芮城县。

永乐宫的旧址与新址间的距离大约有30公里，其间的道路凹凸不平，车辆防震性能差，壁画非常脆薄，稍有不慎，就会被震坏。如何保证壁画安全无恙地运到新址呢？

当时运壁画，山西省拨了四辆嘎斯车，是1959年从苏联进口的，很新，专门给永乐宫使用，别人不能用。

迁运过程中，工程人员要在道路上反复进行震动试验。在确保万无一失的情况下，把捆紧的画框置于汽车上，塞牢空隙，并在画块下面垫上五个或六个弹簧卡以减轻震动。由于汽车离地面很高，装卸壁画上下高低差将近2米，装卸时每个人的用力不均匀，很容易损伤画块，为了解决这个问题，工程人员专门在地上挖坑，与汽车马槽齐平，车辆先驶进坑内，然后将壁画平行装卸。

尽管如此，行驶时，司机还要小心地将轮胎的气儿放成半饱的状态，减低轮胎气压后再缓缓前行。五六十辆骡车、马车也派上了大用场，用来迁运拆下来的小件。在迁运中，汽车和牛马车行速度差不多，跑一趟要花三四个小时！

永乐宫壁画第一次运到新址，当地老百姓自发地出来夹道欢迎，大家都觉得这墙皮能取下来，还能贴上去，还不碎，非常了不起。

就这样，驾驶员和搬运工经过 200 天的紧张工作，将永乐宫 1000 平方米的壁画全部搬到新址，当壁画被拿出来逐一检查时，发现竟然毫发无损。然而，工作并没有结束，接下来就是更加艰苦的修复工作，将壁画贴到新址的墙壁上，如何保证天衣无缝呢？

壁画的粘贴修复，是迁移保护工程中最复杂的也是最重要的工序。进行这项工程时，正逢 1962 年中国最困难时期，国家财力物资十分紧张，陈毅副总理指示，在经济困难时期，其他工程都能下马，但永乐宫大搬迁工程绝不能停下。

根据陈毅副总理的指示，20 多位专家组成的工作组研究作出壁画两步修复加固的方案。

第一步是将拆箱后的壁画稍加清洗，再用胶矾水封护画面，以保持色泽不变；第二步是加固原有壁画，用泥填平残洞和裂缝，再用胶水加固砂泥背面；接着抹上一层用酒精溶解漆片后拌和起来的砂泥，使壁体加厚至 2 厘米。为了让新旧两层泥壁之间连接牢固，除了刷上浓厚的酒精漆片溶液外，还要贴上一层白色包装布，使两者间连成一体，这样就大大增强了壁画的抗压强度和抗折强度。壁画粘贴后再由美术师将画缝补色，修复做旧，以求达到更加完美的效果。

名称：永乐宫壁画
面积：1000 平方米
年代：元代
级别：国家一级文物
现藏：山西省芮城县

就这样，永乐宫 1000 平方米精美的壁画从原来墙壁上完整无损地揭取下来，然后粘贴安装到新宫的墙壁上。这项曾被认为神仙都不可能完成的任务，凭借中国专家技术人

员、工人们的聪明智慧和共同努力，最终得以胜利完成。工程从 1959 年开始到 1964 年结束，历时 5 年，总共投资人民币 220 万元，成功地赶在了三门峡水库建成前搬迁到了新址。

在这次搬迁过程中，中国专家自己摸索出一套完整的壁画移修方案，给历史文物搬迁提供了一个范例，在世界上都堪称一大奇迹。

永乐宫壁画总面积有 1000 平方米左右，内容丰富，三清殿内的壁画《朝元图》被誉为中国现存画技最高、画面篇幅最大、保存最为完整的古代绘画精品。殿内壁画高达 4.26 米，画面共分八路主神，青龙白虎为先锋，以帝君为后卫，呼啸奔腾，云涌而来，气势磅礴。画面构图严谨，场面开阔，人物或静或动，神态各不相同，有的对话，有的静听，有的顾盼，有的凝眉，形象逼真生动，令人陶醉。

纯阳殿的壁画描绘的是吕洞宾的一生，重阳殿的壁画表现的是王重阳和他的 7 个弟子的传教故事，这两幅壁画采用的都是连环画的形式，内容丰富，市井、官府、民宅、茶肆、荒村僻野、三教九流，无所不包。

永乐宫壁画是规模宏大的一幅群神像，然而使人却没有一点儿重复单调的感觉。画者对不同的人物内容采用不同的技巧，在刻画人物上非常注重细节，眉可凝气，眼能传神，如帝君像龙眉大眼，圣母像娥眉凤眼，神王像横眉怒目，玉女像则柳眉杏眼，真是刻画入微，各尽其妙，妙趣横生。

画中的鼎彝器物似能扣之有声，画中的荷花牡丹像带露飘香，衣带当风更令观者飘飘欲仙。

永乐宫壁画的色调采用了传统的勾线填彩法，画像的衣冠，多用黄、绿等色，表现了含蓄清雅的感觉，而帝君与圣母等主像全部附注大红大绿等浓色，并在上面撒了一层金粉，显得富丽堂皇，形象更加突出。壁画经过数百年之后，色彩依然光彩夺目，更有意味的是，有些色彩虽然发生了一些变化，但从整体上似乎很难发现，如有些白色氧化后变成了黑色，而黑色又氧化变成白色，这一有趣的现象如果不仔细观察，似乎感到原先的着色就是这样。

永乐宫壁画巨大而精美，而它整体搬迁的故事更富传奇，被誉为世界文物搬迁史上的一大奇迹。中国美术史家、天津美术学院教授阎丽川在记述永乐宫壁画搬迁时写下了一首诗：往去今来二十年，惊呼吕祖已乔迁。数遍天神三百六，不残不缺尽开颜。

50 多年来，搬迁到芮城的永乐宫和永乐宫壁画，使这个地处中条山下和黄河流域僻静的古城，变得更加热闹起来，络绎不绝的海内外游客慕名而来，朝拜永乐盛宫，一睹远古神仙的风采。

而更让人欣慰和自豪的是，继三门峡水利工程永乐宫壁画成功迁移后，2000 年前后，中国长江三峡水库又进行了 1000 多处古文化遗址的保护，成功搬迁了许多著名的文化古迹，如藏有大量字画刻碑的重庆张飞庙宇、大昌古镇，湖北屈原祠等等，都得到了成功的搬迁和保护，使祖先为我们留下的这些古老文明，就像这滔滔不绝的长江，永远流传下去……

我们更应该感谢那些创造了永乐宫壁画整体搬迁这一奇迹的人们，因为正是他们的艰苦努力和聪明智慧，为中国乃至世界的文物搬迁提供了成功的范例，才为我们子孙后代保留了这一笔笔宝贵的文化遗产。

娄睿墓壁画

山西省是中国的文物大省，保存了数量众多的珍贵文物，娄睿墓壁画就是保存在山西的一组驰名中外的壁画。

山西省太原市南郊有一个王郭村，在村子的农田里，原来有一座巨大的土冢，当地人传说，这里是中国北朝名将斛律金墓。1979 年，山西省考古所副所长陶正刚等人到王郭村，了解斛律金墓的情况。他们果不虚此行，从村民那里得到了一个非常重要的消息。

1953 年，太原市派打井队到王郭村一带找地下水源，说来也巧，探井正好打在墓葬的古代盗洞上。当时的人还很迷信，有的说，古墓里有毒气，人下去就上不来了；有的说，古墓中有暗器，弄不好就没命了。人们议论纷纷，把古墓形容得狰狞恐怖。有人提着马灯，壮着胆子下到墓室里，草草看了一眼，就急忙爬出来说，墓室里黑乎乎的，啥也看不清，好像墙壁上画着人、马一类的画。

打井队在这里没有找到地下水源，很快就撤走了。村民也把这件事渐渐淡忘了。

说者无意，听者有心。凭借多年考古发掘经验，陶副所长立即意识到，尽管还不能确定墓主人身份，不过，可以肯定这是一座非常重要的墓葬。

陶副所长来到现场察看，眼前的景象让他大吃一惊。原来高大的封土堆，现在只剩下一部分，说明墓葬曾经被人挖掘过！这又是怎么回事呢？

1971年秋天，村里为了扩大农田，决定推平坟冢，改为良田。就在这时，有人提议说，为什么不打开墓葬，让"死宝"变成"活宝"，增加村里收入呢？于是，全村男女老少齐出动，就把土冢移了。

土冢被移开了，墓道两侧鲜艳夺目的壁画展现出来。太原市文物管理部门得知消息，立即出面劝阻，村民又把挖开的墓道填埋起来。

农民说的话证实了大型壁画的存在。这座墓葬早年被盗过，1953年、1971年又两次遭到破坏，墓葬中的壁画命运令人担忧。山西省决定对这座墓葬进行抢救性发掘。为了最大限度地保护文物，陶正刚和同事们经过反复勘查，设计了一套最佳发掘方案。

墓葬早年被盗过，留下直径一米的圆形盗洞，陶正刚他们设计的发掘方案，就是利用盗洞进入墓室，这样做可以大大减少对文物的破坏。

墓室里积满了两米多深的水。说来也真巧，在盗洞的下方，恰好是一堆塌陷下来的黄土，刚好可以站一个人。下到墓室里的考古人员，立即被精美的壁画所吸引，墓室四周到处都是壁画，有墓主人生活图、车马图、星象图，美不胜收。

赞叹之余，人们不禁要问：墓葬里拥有如此精美的壁画，它的主人到底是谁？真是民间传说的北朝名将斛律金吗？

墓室里积满了水，因为没找到墓志和其他可靠的证据，一时还无法解答。随着积水被清除，泥水中的墓志终于显露出轮廓，人们想尽早弄清墓主的身份，迫不及待地用手去摸墓志上的铭文。但奇怪的是，铭文中并没有斛律金这几个字，而是一个"娄"字，难道民间传说有误？

墓志出土后，果然证实了北京大学教授宿白先生的判断，墓志铭是：齐故假黄钺右丞相东安王娄睿墓志之铭。真相大白，这座墓并不是民间传说的斛律金墓，而是北齐东安王娄睿墓。

发掘工作持续了3年，虽然墓葬早年被盗，依然出土了数百件精美的随葬品，其中最多的是陶俑和精美的青瓷。这些青瓷造型奇特，釉色浑厚，光泽晶莹，件件都是杰出作品。不过，最珍贵和神奇的还是绚丽多彩的壁画。娄睿墓壁画总面积400多平方米，保存下来的有200多平方米，生动形象地再现了墓主人生前出行、筵宴等奢侈的生活和死后升仙的虚幻妙境。那么，娄睿到底是一位什么样的人物，他的墓里为什么会有如此精美的彩色壁画呢？

并州之太原，青州之齐郡，霸业所在，王命是基。这是天保元年（550年），北齐文宣帝高洋对并州太原的赞誉。当时的并州太原是仅次于京都邺城的政治文化中心，娄睿就是并州的最高长官。娄睿显赫一时，和他的政治背景有很大关系，他是北齐国娄太后的亲侄子，生前为东安郡王、并州刺史，死后又被追封为假黄钺、右丞相、太宰、太师，是北齐朝廷中一位权势显赫的贵族统治者。

中国北齐王朝从公元 550 年到 577 年灭亡，只存在了 28 年时间。由于历史短暂，保存下来的绘画非常稀少，像娄睿墓壁画这样的大型作品，还是有史以来第一次发现，填补了中国绘画史上的空白。

娄睿墓一面世，立即引起中国文物界、美术界的高度重视，全国各地的美术工作者纷纷前来参观、临摹，对壁画赞不绝口。那么，娄睿墓壁画都绘画了哪些内容呢？

娄睿墓壁画分成两大部分，墓道、天井、墓室四壁的下栏，主要表现了娄睿生前的威仪和豪华生活。甬道天井的上栏、墓门、墓室的中栏和上栏，画的是祥瑞图，表现了娄睿死后升天的情景，其中墓道里的壁画色彩鲜艳、线条清晰，保存最完好。

墓道两侧分别画了出行图和回归图，形象地再现了娄睿生前奢侈的生活。每幅画既单独构图，又前后呼应，宛如一幅打开的巨型连环画册。画面上，出行的队伍浩浩荡荡，有乐队、马队、骆驼队，场面宏大，内容丰富。壁画上的人物头戴幞头，长圆脸型，浓眉粗目，衣带随风飘动，栩栩如生。后来，表现皇帝、贵族出行的图画非常流行，北齐之后的中国各个朝代，都有类似的绘画。

娄睿墓壁画上绘制了众多的马匹和骆驼，是最引人入胜的地方。马匹四肢强壮，体态壮美，有的昂首嘶鸣，有的垂

名称：	娄睿墓壁画
年代：	北齐
面积：	200 多平方米
等级：	国家一级文物
现藏：	山西博物院

头刨地，有的扬蹄驰骋；骆驼头颅高昂，躯体健硕，四蹄发达，富有神韵，表现出动态美。那么，娄睿墓壁画上为什么画了这么多马呢？

中国北齐的统治者是鲜卑族人，在进入中原地区以前，曾经过着逐水草而居的游牧生活，马和他们的生活息息相关，不但是劳动和作战的工具，还是财富的象征，特别受到人们的喜爱，自然成为绘画中必不可少的题材。

娄睿墓壁画，无论是人物、还是动物，都是先由画师用淡墨勾勒线条轮廓，再由专人上色。颜色有红、黄、石绿、石青、褐色等，色彩鲜艳夺目，富丽堂皇，处处显示出皇家绘画的风范。如此优美的壁画，它的作者到底是谁呢？

娄睿墓壁画上没有留下画师的姓名，书籍中也没有相关记载。为了弄清这一问题，山西考古专家查阅了大量古籍资料。

中国北齐时期，有两位著名的画师，一位是擅画佛教人物的曹仲达，一位是擅画鞍马的杨子华。杨子华画马的本领非常高，相传他画在墙壁上的马，夜里可以听到它们嘶鸣，仿佛是在田野里追逐水草。可见，他画的马是多么生动传神。那么，娄睿墓壁画上的马是不是杨子华画的呢？

娄睿是北齐王朝最显赫的人物之一，又是把握朝政大权的娄太后的亲侄子，深受朝廷的宠信。朝廷派杨子华为娄睿墓绘制壁画是完全可能的。尽管娄睿墓壁画是不是杨子华所画还没有最后定论，不过，许多专家都认为，娄睿墓壁画是由北齐著名画家绘制的，为后人留下了极其珍贵的画卷真迹。

壁画出土后，人们还发现了一个奇怪的现象，墓室里的壁画保存得不如墓道里的好。按理说，墓室封闭好，没有遭到破坏，壁画应该保存得更好才对，可事实却恰恰相反。这又是为什么呢？

考古人员进入墓室后发现，墓室里积满了水，潮湿的环境对壁画肯定会造成影响，不过人们忽视了另外一个原因。这个原因直到发掘后很长时间才被发现，这就是毒性气体对壁画的腐蚀。当我们采访陶副所长时，他指着自己稀疏的头发说，这就是当年发掘娄睿墓时汞中毒，留下的后遗症。

如今，精美的娄睿墓壁画保存在山西博物院。为了更好地保护娄睿墓壁画，又让人们欣赏到壁画的风采，山西博物院在规模宏大的展厅里，复原了娄睿墓的局部场景。在倾斜的墓道一侧，是修复一新的部分壁画，画面上的人物，面目开朗俊秀，表情庄严凝重；画面上的马匹，姿态各异，栩栩如生，形象地再现了墓主人当年出行的宏大场面。墓道的尽头是厚实的墓门，墓门旁，有面目狰狞的镇墓兽，墓门上画着威武的青龙白虎，游人在壁画前长久驻足，不禁发出由衷的赞叹。

山西博物院还对娄睿墓出土的其他壁画进行修复，计划将来全面复原娄睿墓壁画，届时，人们可以欣赏到壁画的全貌。

娄睿墓的发掘工作已经结束20多年了，考古工作者对娄睿墓壁画的研究依然在继续，受台北故宫博物院的邀请，陶正刚先生到台湾省为台湾同胞介绍了娄睿墓壁画与雕塑艺术。经过陶正刚等人的不懈的努力，大型图书《北齐东安王娄睿墓》在2006年由文物出版社出版，全面介绍了娄睿墓的考古发现和研究成果。

娄睿墓壁画的临摹品和部分出土文物还应邀到日本、美国、法国等国展出，受到热烈欢迎，成为中西文化交流的友好使者。娄睿墓壁画，人物生动，气势恢宏，填补了北齐绘画的空白，堪称中国古代壁画中的杰作。

宝宁寺明代水陆画

皇上被敌军俘虏，回宫后为何判若两人？画师奉旨作画，可画卷上鬼怪横行，惨不忍睹。这背后究竟有着怎样的秘密呢？中国历史上著名的"土木堡之变"，讲的是明朝时宦官专权，明英宗朱祁镇在宦官的唆使下亲征瓦剌（là），可是，皇上亲自出征，不仅没能保全疆土，反而还险些因此断送了性命。国宝画卷《宝宁寺明代水陆画》就和明英宗的这场劫难有关……

公元 15 世纪，中国明朝时期，塞外以北有一个名叫瓦剌的部族，经历几代首领的统治，瓦剌到中国明朝时已经日渐强盛。公元 1449 年，瓦剌率军逼近中原，威胁着明朝疆土。面对瓦剌的入侵，明朝上下一片慌乱，迅速整编军队奔赴塞北前线，当时在位的明英宗朱祁镇更是御驾亲征。可是，慌乱上阵的明朝军队很快就被瓦剌军击溃，明英宗在两军交战中也被瓦剌俘虏。

明英宗被俘的消息使得明朝上下大为震惊，几经周折，明朝和瓦剌议和，瓦剌终于同意送还明英宗。重新得到皇位的明英宗，对被俘一事仍然心存余悸，皇帝被敌国俘虏历来

光怪陆离填画卷

魑魅魍魉藏深意

《国宝档案》讲述宝宁寺明代水陆画的传奇

本集顾问·石金鸣

都是不祥的征兆，他也担心明朝江山因此断送在自己手上，变得惶惶不可终日。

话说这天，又到了祭祖之日，祭坛四周挂着几位先皇的画像，明英宗登上祭坛，显得有一丝惶恐，似乎无颜面对列宗先祖。祭祀结束后，皇上立即回宫，也不像以往祭祀后安排其他活动。朝中大臣对皇上的举动感到很是奇怪，而且明英宗回宫后，只下诏几名画师一同商议，平日里伴随皇上左右的宦官也都不准入内，这令所有人都感到非常诧异：难道是皇上怕自己时日无多，要让画师为自己作画，预备后世祭祀之用吗？

以往宫廷画师为皇上画像，都要有固定的礼仪，如大臣占卜，订好吉日方可作画。而且如果画像是备日后祭奠之用，程序则更应谨慎繁琐。明英宗召集画师进宫，显然不应该是为自己画像，虽然明英宗一度昏庸，但也不至于荒唐到这种地步。可是，皇上和画师又能密谋何事呢？

几天后，一批刚刚完成的画卷送往宫中，这些画卷设色绢本，每幅画卷约有一人多高，总共百余幅之多，全都悬挂于一间殿堂的四周。看来皇上那天祭祀后召集画师商议之事，就是这些画卷。再看画卷上所绘景象，以人物居多，还有许多神仙肖像，佛教众僧，市民生活等等，无不栩栩如生，百余幅画卷悬挂一室，真是鸿篇巨制，包罗万象，在场的官员看了啧啧称赞。

突然，殿堂内一个看画的宫女惊叫着，其他人闻声赶忙凑上前去，那幅画上所绘的景象，令所有人都惊呆了。

皇上宣画师作画，本是皇宫中一件极为平常的事，尤其是明清皇宫中，常常能够见到有画师的山水人物画作，往往

名称：宝宁寺明代水陆画
数量：136 幅
质地：设色绢本
年代：明代
现藏：山西博物院

令人赏心悦目。可问题是明英宗召集画师秘密作画，而且数量之多，这一行为非常奇怪。还有，那幅画上画的究竟是怎样的景象？为什么人们会如此惊恐呢？

只见在这百余幅画卷中，有几幅画卷格外特别，上面的人物比较小，但笔法细腻，细细看去，那些人物的举止却非常怪异，而且有的并非是现实中的人。

只见一幅画上所绘古树沧桑，一个绝望的人吊死在树上，周围的人流离失所，还有的人拿剑自戮。这幅画上死尸遍野，还有无头尸用木棍挑着脑袋横行于闹市，有许多冤鬼提着自己的脑袋与官员扭打，场面极度恐怖。

还有一幅画上描绘的是刽子手当街杀人，几个正在受刑的人，人头滚落，准备受刑的人表情无助，周围看客却谈笑风生，楼上的人还在饮酒作乐。云端还有被杀人的冤魂。

另外一幅画上的情景显然是水灾过后，有的将亲人葬在露天的树下，有的还拼命从洪水中逃离，岸上的人却表情漠然，甚至好像在看一场闹剧。几幅画上画的全都是如此惨烈的内容，也就难怪看画的宫女会因此而惊恐了。

传世的明清宫廷画作大都是以山水花鸟，或是繁荣盛世称道，如鸟谱、花鸟草虫图卷、耕织图等，无不体现美好河山，政治清明。然而，此时殿堂中挂着的这几幅画，内容却和以往的宫廷画大相径庭，虽然明朝社会战乱不断，现实中的民众疾苦也往往如画上的惨状，可是，很少会有人敢绘制如此场景，更不用说是宫廷画了。这难道是画师私自所为，用来发泄怨恨的吗？因为百余幅画卷悬挂于一处，皇上审阅时难免会疏漏，几名画师中是不是真的有这样的人，敢以此来挑战皇上呢？

这时，皇上来到殿堂中，踱步审视着每一幅画卷，还在那几幅怪异的画卷前略停几步，可是令所有人不解的是，明英宗非但没有恼怒，似乎还流露出一丝欣慰，并当场卜旨赏赐所有的画师。很快，皇上又下令将这百余幅画卷快快送往关外，不得延迟。

看来，这几幅内容奇怪，甚至有些凄惨恐怖的画卷，自然也是明英宗的旨意。明英宗自从被俘虏回宫后，一系列的举动都颇为异常，而且突然要求画师绘制如此多的画卷，还把这事搞得如此神秘，究竟是什么用意呢？

这天，明英宗朱祁镇带领几名文臣武将，来到离京城几百里的长城脚下，时值仲夏刚过，苍翠的群山中环抱着一座寺院。明英宗就在此下马，入寺祭拜。

走进寺院只见香火鼎盛，其中一间殿堂四周墙壁上挂满画卷。文武大臣近前细细观看，发现这画上的画竟然异常恐怖、诡异：有杀头的场面，有无头的恶鬼，还有屈死的冤魂。大家面露惊愕，可一旁的明英宗却神情自若地看着这些画。原来这些画正是一年前，皇上送往关外的那批画卷。

这几幅画卷就是那几幅内容怪异的宫廷画作，明英宗命画师绘制，又派人将画卷送出关外。时隔一年，明英宗出行塞外，在这寺院中再次遇到这些画卷，这显然是皇上特意安排，而不是一个巧合。那么，明英宗为什么要将这些奇怪，甚至可以说有些恐怖的画卷，安放在寺院中呢？

宝宁寺明代水陆画

明英宗来到的这个寺院，正是当年将画卷送往的宝宁寺。这天，为接驾皇上来访，宝宁寺专门隔出一间屋子，用来陈设这些画幅。百余幅画卷挂满整间屋子，香火弥漫中，画上所画的那些佞臣顽劣，鬼怪饿殍，更加显得光怪陆离。

　　自古佛教寺院讲究清规戒律，往往是安置佛像，神仙画卷等安详宁静之物。这几幅画卷中市井小人，鬼怪横生，饥荒刑场，现实中有的和没有的，各种惨状都无不跃然画上，而且还特意悬挂在寺院厢房，皇上究竟是何用意呢？

　　正当随从感到疑惑时，为明英宗迎驾的宝宁寺住持对皇上说道：皇上去年所赐画卷，已经全都在这水陆法会上了，请皇上御览。

　　水陆法会是佛教的一种仪式，也称水陆道场。所谓水陆，是指对一切水陆有情生灵供养斋食、礼忏经文，设水陆法会，用来超度和追荐亡魂。看来今天皇上到此是来参加宝宁寺的水陆法会，而这些画卷正是明英宗赐给宝宁寺，用于水陆法会的。

　　一年前，身为皇帝的明英宗也在对瓦剌的战争中被俘，许多兵士和平民在战争中无辜丧命，连年的征战，使得明朝边塞民众流离失所，生灵涂炭，这些都给出征的明英宗留下了不可磨灭的印象。

　　重新回到帝位后，笃信神灵的明英宗希望寻求破灾之法。据说，被佛法超度的冤鬼，孤魂，都可以免罪升天，因此他命画师绘制水陆画像描绘市井百态，民众苦难，并送至关外的宝宁寺，用以超度亡灵。

　　由于宝宁寺地处山西省右玉县，毗邻长城，以北便是瓦剌的势力范围。明英宗将这些画卷赐给宝宁寺，除了超度亡灵外，还有"镇边"的用意。

原来，这些怪异的画作背后，是明英宗对稳固江山的寄托，明英宗从被俘虏，到辗转回宫，重新审视统治，开始勤于理政，任用贤臣。可这一切并没能改变明朝衰败的命运。之后的几个皇帝昏庸无能，明朝最终还是走向灭亡。那么，明英宗那些用来超度别人的水陆画，在以后的岁月里，它们的命运又是如何呢？

明朝灭亡后，北方游牧民族对中原时有侵扰，宝宁寺由于地处关外的独特位置，地位却没因明朝灭亡而衰落，清康熙年间更是对其扩建重修，宝宁寺的水陆法会依然香火旺盛，每年的八月，周边的僧众都会赶来，举行水陆法会。这些画卷就这样在宝宁寺，每年在法会上悬挂一次，寓意超度战争死去的生灵，它们也因此安然地度过了几百年。

可不想突然有一天，沉睡的宝宁寺突然被惊醒，战火再次逼近这座塞外古寺。这次侵入中原的已不是当年的瓦剌人，而是远道而来的侵华日军，他们正是冲着寺里那百余幅明朝水陆画来的。然而，疯狂的日军闯入寺内，将宝宁寺翻了个底朝天，也没有找到传说中超度灵魂的画卷，气急败坏的日军砸毁佛像，并放火焚烧了寺院的许多建筑，可始终还是不见那些水陆画的踪影，难道这些画卷真的有神助吗？几百卷画就这样凭空消失了。

其实，并非有什么神助，而是当地的民众和宝宁寺僧众在日军到来之前，就将珍贵的水陆画秘密转移到了安全的地方了……又是几十年过去了，那百余幅水陆画如今又在何处呢？

2007年3月，我们《国宝档案》记者来到山西博物院，工作人员带我们来到保管室，从密封的箱子里取出几卷画，这些画正是当年从宝宁寺秘密转移的那些水陆画,如今已经得到很好的修复和保护。

只见画卷设色绢本,每幅约纵 120 厘米,横 60 厘米,用浅黄色或浅红色花绫装裱,与平常所见浓烈渲染的水陆画相比,显得沉稳而不火气。画面上描绘市井百态,神佛鬼魅都生动自然,场景的描绘更显真实,以及战争灾害给人们带来的苦难,有强烈的艺术感染力,让人对当时人们的疾苦,产生强烈的同情。对研究明朝的文化艺术和社会民情,提供了宝贵的历史资料,是现存明清绘画当中不可多得的艺术珍品。

如今这些珍贵的水陆画早已褪去了镇边驱邪的含义,当它们再次展现在世人面前时,留给我们的,不仅是对前人绘画艺术的欣赏,更是对战争的一个警示。

广胜寺水神庙壁画

在中国古代，人们修建水神庙是用来求雨求水的，但是广胜寺的水神庙却有些与众不同，它不但在建庙之前就有水，而且世世代代奔流不息，造福于万千民众。那么，当地百姓为什么还要建造水神庙呢？

霍泉万年长流天赐清泉

元代壁画描绘市井百态

《国宝档案》解读洪洞水神庙壁画之谜

本集顾问·董爱民

要想揭开这个谜，先得从广胜寺的霍泉说起。

这是一股清冽甘甜的泉水。早在1万多年前，这股泉水就已经露出地面，为我们的祖先饮用，唐朝贞观年间开始建霍泉用于灌溉。在水神庙东南有一个水池，1500年前，北魏地理学家郦道元在《水经注》中记载：霍泉源自沁源诸山，于霍山之麓广胜寺山脚磐石中喷发而出，在此汇集成潭，建成霍渠，泉水清澈见底。

更可贵的是，到了现在霍泉还依然保持着旺盛的生命力，浇灌着洪洞县23万亩良田，养育着临汾、洪洞、霍县、襄汾、安泽、古县等数以千万的人口，供应着两个省级大企业的工业用水，被当地人民誉为母亲泉。

在古代，霍泉被老百姓敬奉为水神。祭祀之风，古来有之，在古代以农业为主的社会中，生产力十分低下，科学很不发达，人们对一些自然现象无法解释，随意想出一些山水之神，封神祭祀。水神庙作为霍泉的祭奠性坛庙，建于唐代，后被焚毁，重建于元世祖至元二十年（1283 年）。每年阴历三月十八日为水神诞生的日子，庙会规模盛大，祭祀仪式隆重，善男信女，妇孺老幼从四面八方而来，水神庙前人山人海，庙会期间演戏、逛庙会，热闹非凡。

但是，比水神庙更有名气和价值的是庙里的壁画，壁画画在水神庙内的墙壁上，东西墙壁有两方，各宽 11 米、高 5.3 米，南、北墙壁各有两方，均宽 3 米、高 5.3 米，总面积为 197 平方米。水神庙明明是求雨的寺庙，可画的内容却是打球、下棋、卖鱼，妇女梳妆等生活场景，似乎与敬神求雨无关，这是怎么回事呢？

要想搞清楚这其中的奥秘，就先要从这壁画是怎么画的说起，关于水神庙壁画的创作，当地流传着一个有趣的故事……

元代延祐年间的水神庙庙会格外热闹，因为 7 年前水神庙正殿曾毁于地震，十多年后刚刚重新修建的水神庙正殿富丽堂皇、巍峨壮观。殿内新塑的水神像端坐于神龛正中，庄重威严。水神两侧的侍女、坤官婀娜多姿。神龛下方的四位大臣，各怀心思，栩栩如生。可就在前来祭祀的人们摆上贡品，虔诚叩拜的时候，一位香客开始向修建水神庙的总管事发难。他说，大殿修得虽好，可是并不完美，还是缺了点儿什么。总管事大惑不解，恭敬地询问到底缺了什么。香客说道："这

座正殿的墙上空空荡荡，使庙堂毫无生气，如何唤起百姓对神明的崇敬？"总管事一听有理，忙酬谢了香客，召集南北霍渠的渠长商量要在大殿的墙上画上气势宏大的壁画。商量的结果是，以水神座像为中线分左右东西两方，东为北霍渠，由赵城画师完成；西为南霍渠，由洪洞画师完成，谁家画的好，除工钱外，另外奖励五石麦子，两扇猪肉。

一场壁画的赛事就要展开了，两方画师憋足了劲要一较高下，看看谁画的好。

洪洞一方在西壁画了求雨图，场面宏大，水神端坐正中，文武百官、宫娥彩女簇拥前后，持兵器的护卫、持宫扇的侍女、持笏板的大臣毕恭毕敬。画面最下方有一地方官吏手持奏折，正在给水神诉说求雨之事。

这幅壁画画完之后，总管事评价说：不错，一个求雨的官员，道出了整个画的中心思想。

再看赵城一方在东壁正中也画了一幅气势非凡的场面：水神端坐正中，众臣围在一旁，与西壁的求雨图神情显然有别，因为画面的上方画出了天神降雨的场面，雷公、电母、风师、雨伯，手持一个雨皮袋的器物，往下方喷射出一条雨带。

总管事看完这幅画，也连连夸奖说，这幅画也不错，中心思想是下雨，既承接了西壁求雨图的情节，又独立成章。

在水神像左右的墙壁上，各有一个明显的画面，西壁右侧画了水神后宫司宝的场面。东壁左侧画了思食图场面。画幅对称，内容和谐。在南壁板门西侧画了霍泉玉渊亭和唐太宗千里行径来霍泉的场面，而在板门东侧画出了一个散乐班为水神演戏酬谢的场面。西壁北端，画师画了两幅水神郊外活动的游戏场面，一是打球图，一是下棋图。东壁北端则是水神官员买鱼图和水神宫女梳妆图。全殿内画幅内容对称，色彩协调。虽然画的都是打球、下棋、卖鱼、梳妆等生活内容，但是都与水神有关，这样既吻合了元代时的宫廷和市井生活，又把水神世俗化了，构思十分巧妙，手法技艺十分高超。

壁画完成之后，打擂结果不分胜负。水神庙壁画流传到现在，逐渐引起中国乃至全世界体育界、中国戏剧界的高度重视。

这是为什么呢？

水神庙壁画的可贵之处在于，它是中国古代庙宇中唯一一个以佛道为内容的壁画，是一组完整的囊括诸多方面艺术内容的古代壁画珍品，表现了中国元代壁画艺术的高度成就，享誉海内外。其中一幅古人打球的壁画曾引起了世界的关注，轰动了中国的体育界，甚至改写了现代高尔夫运动的发源史。

西壁画北端的水神郊外打球图画面上有两位神在打球，另外两位神做裁判。打球的神手里各拿一根棍，地上挖个坑，谁把球打进坑里就算赢。

这幅打球图描绘了中国古代一项什么样的体育活动呢？

据历史记载，中国早在唐朝就出现了一种叫做"捶丸"的体育活动。顾名思义，捶者击也，丸者球也，并且还是击球入窝。这与高尔夫球非常相似。

"捶丸"是由唐代的"步打球"演变而来，北宋时又称"步击"。宋元之际，"捶丸"活动流行于中国北方民间。水神庙壁画中的捶丸图，就是极好的证据。图中四人，一人持棒，正待击球入穴，情境逼真，栩栩如生。这样的捶丸图不仅水

名称：广胜寺水神庙壁画
规格：东西壁二方，各宽 11 米，高 5.3 米
　　　南壁二方、北壁二方各宽 3 米，高 5.3 米
　　　总面积为 197 平方米
年代：元代（公元 1324 年）
现存：山西洪洞广胜寺水神庙

神庙壁画上有，而且明朝绘画《明宣宗行乐图》《捶丸仕女图》也是描绘捶丸运动的，不仅如此，元朝还有专著《丸经》《捶丸图壁画》)。另外，书中对"捶丸"的运动方法、比赛规则、技术、战术、场地、用具等，均有详尽的规定和论述。

因此，从史书记载来看，中国"捶丸"作为一个完整的体育活动项目，无论在方法、规则上，还是在群众中开展的广泛程度上都具有相当的规模了。

捶丸和高尔夫有什么异同呢？

先说球：中国古代的捶丸比较简单，丸由坚固的经得起反复击打的赘木制成，赘木是指树身上结成瘤的部分。西方高尔夫球最早是用石球。后来改用皮质的球，胶皮球，由于科学技术的发展，现在的高尔夫球的用球大多数为塑料制品了。

再说球棒：中国古代时，捶丸有不同类型的球棒，而且名字很怪异，有的叫"撺棒"，有的叫"勺棒"，有的叫"扑棒"，供人在不同的条件下选用，打出不同的球。球棒的制作也很有讲究，击球一端的制作材料要选用秋、冬树木和牛筋、牛胶，棒柄则用刚劲厚实的南方大竹。制造球棒的时间也有一定的要求，应该是在风和日丽的春天和夏天，因为这时各种材料容易牢牢地结合在一起，然后再细细地刮磨加工，就制成了合手耐用的球棒。

据记载，公元 1879 年，英国一个铁匠制造了一批铁的高尔夫球棒，由粗笨简陋的木棒发展到轻便耐用的铁棒，这就是高尔夫球主要用具——球棒的一个突破。当时很受欢迎，也很快被定为比赛的球棒。经过几十年的演变，在 1920 年，一位美国商人发明了一种铜质空心圆管制的球棒，形状美观，质地优良，至 1924 年，此种球棒被定为正式比赛用球棒。

上面主要说的是中国古代的捶丸和现代高尔夫在球和球棒上不同的地方。那么，两者相同的地方有哪些呢？一个是捶丸打球讲究风向，一个是比赛讲究团体协调性，这些都和现代高尔夫很相似。还有比赛规则，两者就更加相似了。

　　两者的比赛规则有什么相似之处呢？

　　那就是根据球进洞的多少进行积分累计制。中国古代的捶丸，比赛前，各自选好地形，掘好球窝，并在60至100步的地方造好"球基"，面积约为一平方尺，以便击球。三棒内击球入窝者得一分，得分多者为胜，犯规或违例者少记一分或扣去一分。

　　高尔夫的比赛形式分为比杆赛和比洞赛两种。所谓比杆赛，就是将每一洞的杆数累计起来，待打完一场也就是十八洞后，把全部杆数加起来，以总杆数来评定胜负。这就和捶丸的打法非常接近了。

　　但是，除了高尔夫起源于中国古代的捶丸外，还有两种说法，这两种说法各有什么根据呢？

　　高尔夫球名字源于荷兰文的译音。据说1000多年以前，放羊的牧童们闲暇无事，常常用手里的牧羊棍打击小的石头，久而久之就产生了技术和力量的对比。这就是高尔夫球的原始形态和雏形。

　　还有一种说法，高尔夫球这个词最早出现在1457年英国苏格兰议会文件中。苏格兰的一个牧羊人在放羊时，用牧羊棍击石子取乐。一个偶然把石子击入远方的兔子窝里。以后，他就经常邀约伙伴一同玩耍，并得到了人们的喜爱和欢迎。这种活动逐渐流行了起来。据说，这就是高尔夫球的雏形。

根据记载，以上三种说法，无疑都是事实。从它的定型和发展来看，中国早于英国和荷兰，荷兰又前于英国。当然，作为一种现代的被国际多数国家和民族所认可的世界体育项目，高尔夫球的发源地和故乡是英国。

但是不管怎么说，水神庙的捶丸壁画，无疑为中国"捶丸"作为一个和现代高尔夫球相似的完整的体育活动项目，提供了有力的实物佐证。难怪萨马兰奇在参观《五千年中国体育历史展》，看到这幅壁画时大吃一惊，不禁说道："原来中国人在元代就开始打高尔夫了！"

2004年，北京故宫博物院和中国高尔夫球协会牵头成立了中国捶丸研究课题小组，收集了有关捶丸的各种资料，比较了它与现代高尔夫的异同，研究设计出中国古代捶丸的复原艺术品，使世人重新领略到中国古代捶丸的原貌。壁画中的"下棋图"、"梳妆图"、"司宝图"、"尚食图"、"卖鱼图"和最为珍贵的"戏曲图"与"捶丸图"有着同样的精彩。

"下棋图"绘制于西壁北部下端，两位棋手聚精会神地运筹于胸，观棋者、侍者静默不语环立于旁，图中棋局，既像是中国象棋，又像是现代围棋，或许正处于中国古代棋类发展演变过程中的一个阶段吧。由于这幅下棋图形象直观地再现了中国古人下棋时的情景，难得少见，因此十分珍贵。这幅图和《捶丸图》都被中国体育博物馆临摹展出。

女性，在壁画中占据了不可忽视的位置，有的专家分析是为了暗喻求雨中阴阳调和的意思，那么，壁画对女性是怎样表现的呢？

东壁北部偏上绘制了一幅"梳妆图"，表现的是女性补妆的情景，一个极为普通的生活细节，在后人眼中看来是那么的亲切。壁画中补妆女穿戴的襦裙服上，美丽的结饰飘于裙侧，留传到元明清，"结"的装饰就更为普遍，用绳做成盘花纽襻，其名目之多，工艺之精，堪称一绝。中国女性含蓄、端庄，在表达情爱方面往往采用委婉、隐晦的形式。故"结"就义不容辞地充当了男女相思相恋的信物，体现了中国古代人们追求真、善、美的良好愿望。

位于北壁西侧的"司宝图"，图中侍女们正在整理水神府中的宝物，图中极不起眼的桌案底下，摆放着一个方形斗，斗中陈放着水果和冰块，也就是说，670多年前，古代就开始用冰块来储藏、冰镇食物水果，所以有人戏言，中国最早的冰箱就在水神庙内。

另一幅印证山西自古以来就是煤炭故乡的壁画，就是绘制于北壁东侧的"尚食图"。图中反映的是水神府膳房内的劳动场面，燃烧煤炭的铸铁火炉说明，这一地区早在元代就开始用煤炭来做饭取暖，这也印证了马可·波罗在山西看到的景象：当地人使用一种能够燃烧的黑色石头。铸铁火炉旁，负责烧水的小侍女一手扶壶，一手遮挡在头顶以防炉中的灰土扑落在自己的秀发上，一个小小的手势，竟是如此的生动传神富有生活情趣。

还有一幅别的壁画上绝无仅有的"卖鱼图"，它给我们提供了怎样的古代生活情景呢？

"卖鱼图"绘于东壁北部，五位穿袍戴靴子有胡须的人，他们是负责水神内府的食官，正在购买一位渔翁手中的三尾鲤鱼，其中一位三缕胡须的人正在执秤，秤着三条鲤鱼的重量，故意在用手指压秤杆，一付媚主欺仆的嘴脸。卖鱼老人紧张地看着执秤人，好像正在殷情地笑着乞求执秤人可怜可怜我这卖鱼的老人吧，寥寥几笔，人物表情惟妙惟肖，心理活动跃然壁画之上，生动逼真地反映了古代官员与百姓在商品交易中的不平等。

有人对上述珍贵壁画提出了一个疑问：水神庙是求雨祭祀水神的地方，壁画的主体也表现了求雨和祭祀的情节，但是，古代的画师们为什么还要画这么多与求雨、祭祀水神不相符的极具生活气息的作品呢？

以往的研究者认为是为了反映现实生活中贫富差距的社会面貌。可是这样的解释很难令人信服。

那么，怎样的解释才更符合元代水神庙画师们的本意呢？

有的专家和学者从语言学上的同音象征的理论出发，揭示了这些图像的深层含义，即"捶丸图"中的打球的"球"字与"求雨"的"求"字同音象征，下棋图中的"棋"与"祈雨"的"祈"字同音象征，卖鱼图中体现的"得鱼"含意与"得雨"同音象征。这不仅揭示了祈雨过程中隐藏的间接祈雨仪式，更是将表面上与其他图像格格不入的这三幅图像完全纳入了壁画的内在体系中。

此外，水神庙壁画中还包含有"古广胜寺图""唐太宗千里行径图"等。

广胜寺壁画中最为珍贵、最具有研究价值的是绘制于南壁东侧的"戏曲壁画"，内容为民间剧团唱戏酬谢水神降雨。图中舞台的横额上写着：尧都见爱太行散乐忠都秀在此作场。忠都秀，应该是当地一位戏曲名角，专家认为前排居者就是领衔主演忠都秀，图中忠都秀虽然穿着男装，但从俊俏的面容与耳环来看，应该是位女性，也就是说，早在元代，我国戏曲就已经是男女同台，而且女演员可以反串男角。图中登场的人物共有 11 位，包括生、旦、丑、乐师等，戏曲专家们判断，他们上演戏目名为《赠绨袍》。水神庙元代戏曲壁画是中国现存最早的戏曲壁画，它为研究古代戏曲提供了宝贵的形象资料，戏曲壁画与打球图在 1998 年被同时编入《中国历史》中学教科书。

水神庙壁画是元朝泰定元年即公元 1324 年所绘，东西壁二方，各宽 11 米，高 5.3 米，南壁二方、北壁二方各宽 3 米，高 5.3 米，总面积为 197 平方米。壁画包括了社会、经济、文化、民俗、戏曲、体育、建筑等各个方面，是研究中国古代体育、戏曲历史和社会生活难得的珍贵形象史料。

只有成长于民间的艺术家们，才会通过对市井百态细致入微的观察，在一座祭祀性大殿内创作出如此生活化的作品，为后人留下研究古代社会生活的历史资料。遗憾的是，水神庙壁画年久失修，有的墙壁开裂，有的壁画褪色，目前已经被广胜寺文物所封存保护起来，亟待进行抢救维护。

独乐寺

九一八事变后的 1932 年，日本侵略者大举进攻中国长城各口，随即包围北京、天津，然而，就在这危难之时，却有一个人，竟然冒着生命危险，毅然来到了天津蓟县（今天津市蓟州区）。那这个人是谁呢？他来干什么呢？一个国家重点文物保护单位，一个隐藏了 219 年的秘密……

这个"不要命"的人就是中国维新运动领袖梁启超的长子、中国近现代著名建筑学家梁思成先生。那么，在日本侵略这个危难的时刻，梁思成先生执意来天津要做什么呢？

原来，在天津市蓟州区城西，有一座千年古刹独乐寺。当年梁思成先生来这里，为的就是"一定要把这座千年古刹测绘下来"。这座古寺到底有什么独特之处呢？

独乐寺坐北朝南，占地约 16500 平方米，建于隋唐年间，寺内的主建筑观音阁和山门重建于辽代，距今已有 1000 多年的历史，是中国现存最古老、最大的楼阁式木结构建筑之一。

走进独乐寺观音阁，抬头可见一尊十一面观音像。像高16.08 米，是中国现存最高的彩色泥塑。形体高大的观音，

独乐寺观音阁

名称：独乐寺
重建于：公元 984 年
地点：天津市蓟州区
级别：全国重点文物
　　　保护单位

矗立在大殿中央的须弥座上，直入顶层覆斗形的八角藻井之中，颇有一种摄人心魄的威力。

当初人们为什么要在这里建造一座如此高大的观音菩萨像？独乐寺又是如何建造起来的呢？民间流传着这样一个故事……

相传，唐贞观十九年，也就是公元 645 年，李世民率领 20 万大军东征，路过渔阳时，也就是今天的蓟州区，忽然天降大雨，粮草也供给不上了。眼看20万大军将陷入马断草人断粮的困境，李世民心急如焚，却一筹莫展。

一天，李世民无意中来到一座寺庙。由于连年战争，寺院早已破败不堪。只见大殿中一座近两米高的观音像却金光闪烁，法像庄严。李世民不禁心中一动，双膝跪地，说道："我李世民率大军东征路过宝地，粮草不济，欲借神明金身一用，待世民班师回朝定以十倍金身奉还。"说罢，命人将铜像化成铜水，铸造钱币，就地收购粮草，总算解了燃眉之急。

东征回朝之后，李世民时时为此事发愁。10倍金身可不是个小数，即使把国库的金子全都拿出来，也不够铸造一尊16米高的金像。就在这时，大臣魏徵递上一份催促皇帝还愿的奏折，上有一句"臣闻为人主者，上不可失信于天，下不可以失信于民……当以十倍泥塑金身速速奉还"。这"泥塑"二字，可为李世民解决了难题，他非常高兴，马上下诏，任命大将尉迟敬德赶赴渔阳，营建独乐寺，重塑观音像。

话说尉迟敬德奉命敕修独乐寺，可到渔阳两个月却迟迟没能破土动工，因为他一直在琢磨，到底建一座什么样的大殿，才既能装下美观奇特，又不负圣恩的"十倍泥塑金身"呢？

一天，心急火燎的尉迟敬德，一个人喝起了闷酒，恍惚中只见一个黑胡子老头，手里提着一个蝈蝈笼子。尉迟公顿时心中大喜，这只精巧奇特的蝈蝈笼子，不就是自己想建的"大殿"吗？醒来，他立即让工匠们按照自己的描述设计大殿样式。

几个月后，观音阁的梁架支起来了。上橡那天，工匠们吃午饭时，一个黑胡子老者走到跟前说："我也是木匠，出门断了盘缠，请赏口饭吃吧。"工匠们就让老人一起吃，老人端起碗吃了两口，吧嗒吧嗒嘴说："盐短。"一个工匠给老人菜中放点盐，老人仍说"盐短"。老人吃完饭，抬头看了看观音阁，嘴里还念叨着"盐短"、"盐短"。

　　尉迟敬德听说了这件事，猛然一惊：这位老者莫不是鲁班师傅显神吧？他站在观音阁前，看着上好的橡子琢磨着"盐短"的意思。突然明白了，原来橡子出檐太短了。他让工匠蹬上脚手架，把橡子放长一尺，最后就做成现在这样的斗拱，出跳深远，像飞起来的一样，美观极了。

　　修茸好的观音阁高 23 米，整个建筑不用一钉一铆，全以梁架和斗拱吻合，檐牙高啄，钩心斗角，浑然一体，堪称中国最古老的木结构高层楼阁。

　　对独乐寺情有独钟的梁思成先生，赞美观音阁是"上承唐代之遗风，下启宋式营造，实研究我国建筑蜕变上重要之资料，罕有之宝物也"。

　　在观音阁顶层，矗立的正是传说中解了李世民燃眉之急的观音菩萨。观音面相端庄，弯眉直鼻，两眼凝视远方。观音的手部、胸部均敷有金色，给人一种肃穆慈祥之感。1000多年过去了，如今观音塑像的衣着彩绘仍然绚丽多彩，令人眼花缭乱。为显示观音法力高强，塑造者在观音头顶上又塑出 10 个小观音，所以又有"十一面观音"之称。观音像的造型极为精巧，主次分明，上下有序，堪称佛教塑像中的珍品。

　　清晨，当彩霞映射的光芒照耀在独乐寺中，条条斑斓的光柱从观音头顶洒下，与阁内长明的烛火之光耀映闪烁，为

十一面观音像

大佛、古阁罩上一层神秘的色彩，令人浮想联翩，因而独乐寺又以"独乐晨光"成为津门十景之一。

独乐寺凭借独特的建筑和雕塑艺术，在中外建筑史上具有重要的地位。可是您知道吗，在这里，还有一种艺术门类，竟然被埋藏了长达200多年之久。那么，它究竟是什么呢？

1972年的一天，独乐寺内观音阁的大殿中，几名工作人员正指着殿内四周的墙壁，好像在议论着什么。可是四下望去，墙壁雪白一片，并没有发现什么异常。这时一个工作人员说："你们看这里！"

顺着手指的方向，只见巴掌大小的一块墙面上，若隐若现一些彩绘人物，地上还有几块碎墙皮……

工作人员感到非常纳闷，要说这独乐寺可是国家重点文物保护单位，并且每天都有工作人员轮流值班看守，那么是谁胆大包天敢在这里乱涂乱画呢？

没过多久，中国历史博物馆（今中国国家博物馆）研究员李先登先生恰巧到天津出差。当他来到独乐寺，看到观音阁墙面上的图画，竟然一下子惊呆了……

李先登当即给史树青写信说：经实地考察，独乐寺观音阁中很可能存有壁画。

"壁画？"史树青看信后非常惊喜，他马上给当时国家文物局局长王冶秋打电话，王局长对此极为重视，马上派专家赶往独乐寺。

当工作人员把观音阁一层大殿四周的白灰层全部取下来后，人们惊奇地发现，这满满的一墙，竟然全都描绘着色彩艳丽的壁画。经测量，壁画长45.35米，高3.15米，总面积142.85平方米，是元代绘制，明代重描的十六罗汉壁画，极其珍贵。

在清乾隆十八年，也就是公元1753年的一次大修独乐寺时，这些壁画被覆盖上一层一厘米厚的白灰。直到1972年，才使隐藏了219年的艺术瑰宝重现于世。

由于壁画使用了红、白、绿、紫、蓝、黄、粉、黑等多种色调的矿物质颜料，画面至今色泽艳丽，保存完好。

壁画以佛教中的十六罗汉和二明王像为主题，间绘神话故事、世俗题材和重修信士像，主像18位，世俗、供养人物70多位，构成了一组组既独立又彼此相连的巨幅画卷。

罗汉也称阿罗汉，释迦牟尼的十种称号之一，意思是当受众生供养。壁画中"圣僧"宾度罗居十六罗汉之首，是罗汉中的长者，庄严端正，掐指说法，跟前站立四人，分别是朝廷官员、儒生、道士、僧官，都面向宾度罗低首作礼，构成一幅隆重的三教礼佛画面。第二尊罗汉名叫迦诺迦伐蹉，眉毛长至腰间，以双手托举，身旁一弟子持香炉恭候。第六尊罗汉跋陀罗尊者身旁的虎奴，手牵猛虎，头戴瓦楞帽，身着红色短上衣，脚穿软靴，反映了元代侍者特有的装束特点。第十六尊罗汉注荼半托迦和他身后海浪中的游鱼，形态逼真。

壁画中，也有表现世俗生活的民间传说故事，其中"郭巨埋儿""农夫渔妇"等给人以清新和亲切之感。整幅壁画波澜壮阔，气势磅礴，真可称为形神兼备的传神之作。

千年古刹独乐寺，素来以建筑和雕塑艺术闻名于天下，是国务院 1961 年第一批公布的全国重点文物保护单位。如今，在观音阁中发现的这一组壁画，不仅给独乐寺这座千年古刹又增添了光辉的一笔，也为历史、艺术、宗教的研究提供了宝贵的资料。

走进独乐寺，首先映入眼帘的便是山门。山门，就是大门，由于佛教寺院多建在深山幽谷之中，所以称佛寺的大门为山门。

游人站在独乐寺的山门外向前望去，南北贯通的山门，就像一个巨大的画框，把前面秀丽如画的观音阁镶嵌在其中。

山门两侧有两尊辽代彩色泥塑金刚力士像，像高 4.5 米，居高临下，虎视眈眈，让人不禁产生几分畏惧。据说他们是佛教里的护法天神，专门负责镇守山门，民间俗称"哼、哈"二将。这两位看似相同的金刚力士，哪个是"哼"将？哪个又是"哈"将呢？

专家说，东侧这位金刚力士手持长剑、竖眉、瞪眼，牙齿紧闭，好似从鼻孔中喷出一个"哼"字；而西侧力士横眉、瞪眼、大嘴微张，似从口中冲出一个"哈"字来。

相声大师侯宝林先生来独乐寺参观时，曾高度评价这两尊泥塑说，不但塑出了骨骼，而且塑出了肌肉，是形神兼备的艺术佳作，给人以力和美的享受。

然而，天有不测风云。据记载，独乐寺自辽统和二年（984年）重建以来，天津市蓟州区曾发生过 37 次地震。独乐寺又处于多震、剧震地区。

公元 1976 年 7 月 28 日，北京时间 3 时 42 分。唐山、丰南一带发生了 7.8 级的强烈地震，天津也遭受了重创。那么，独乐寺这座木质结构的千年古刹还能保住吗？

工作人员回忆说，地震发生时，有人听到观音阁的梁架斗拱嘎嘎作响；有人看到观音阁的顶子来回摆动达一两米，屋顶上还冒着浓浓的黑烟。然而地震停止后，独乐寺却傲然挺立于废墟之上，山门、观音阁神奇般地一次次战胜灾祸，依然巍然屹立，古人鬼斧神工般的建筑工艺，实在令世人惊叹！

独乐寺内的主体建筑迄今已有 1000 多年的历史了。在这漫长的岁月中，它不仅经历了雨雪风霜的侵蚀，而且经过多次大地震的考验而安然无恙。独乐寺不愧称之为世界建筑史上的杰作。

悬空寺

　　被称为中国木结构建筑奇观的著名古寺悬空寺临峭壁而建，远远望去，这座千年古寺如同悬浮在云端的空中楼阁，为什么要在这样险峻的峭壁上建造寺院呢？地震中心距离悬空寺仅 60 公里，这一强烈的地震使当地的建筑都遭到损毁，那峭壁之上的古寺能否平安度过这次劫难呢？规模宏大的寺院仅仅凭着几根横梁，便矗立在峭壁之上，那古代工匠究竟是怎样将寺院悬挂到悬崖上的呢？

山川缭绕苍冥外
殿宇参差烟云中
《国宝档案》和您一同领略悬空寺圣境

本集顾问·丰立祥　耿彦波

　　恒山位于山西大同浑源县境内，是著名的道教圣地，也是中国五岳中的北岳。悬空寺就建造在恒山翠屏峰的峭壁之上。远远望去，悬崖绝壁之上，悬空寺凌空腾起，就像是挂在上面一样。

　　悬空寺，建于北魏时期，距今已有 1400 多年的历史。中国北魏时期正值南北民族融合时期，佛教在中国也开始盛行起来，北魏时期兴建的佛教寺院不计其数，著名的世界文化遗产大同云冈石窟就是北魏时期开凿的。当时修建的寺院众多，大都建在繁华的城市，或是名山大川之中，唯独悬空寺是建在悬崖峭壁上，仿佛挂在空中，令人触目惊心。那么，古人为什么要在如此险峻的绝壁上建造寺院呢？

1000 多年前的中国，鲜卑族建立北魏，都城设在平城，也就是今天的山西省大同市。悬空寺所在的翠屏峰脚下的峡谷，北往平城，南至五台山，是北魏时期的重要交通要道。然而，就在这狭长的古道中，却流淌着一条湍急的浑河。

　　由于地处深山峡谷，每年一到雨季，山上的雨水都涌入河中，因此，浑河水常常因暴雨而泛滥成灾，不仅南北交通要道堵塞瘫痪，物资无法运输，当地百姓也苦不堪言。当时，人们以为是山中的鬼怪在作祟，才酿成洪灾，于是就想到用建造浮屠的办法来镇水。

　　浮屠就是佛塔，传说在洪水泛滥的地方建造佛塔，能够镇住鬼怪，驱邪避灾。但是，只有在寺院中或平地之上才能够建造佛塔。古河道所在的峡谷十分险要，根本找不到一块适于建造寺院的山地。因此，建造寺院，修筑佛塔的美好愿望一直难以实现。

　　不久，一名道士云游至此，当他看到峡谷纵横，两面悬崖绝壁，顿时心生感慨：人间竟有如此仙境，于是，他便在此修行直至去世。去世前，这位道士曾给弟子们留下一句遗训"上延霄客、下绝嚣浮"，意思是说，后人一定要在这里建造一座空中寺院，能够与天上的神仙共语，忘记人世间的烦恼。这位道士就是中国历史上著名的天师道长寇谦之。

　　道家讲究清静虚无，修行时要在一个能够"不闻鸡鸣犬吠之声"的地方，才能最终得道成仙。因此，这个群山环抱的悬崖峭壁，就是修行的最佳地方。为了完成师祖的遗训，寇谦之的弟子们多方筹资、精心选址，最终在这峭壁之上，建成了这座震古烁今的空中寺庙。

名称：悬空寺
年代：北魏
级别：国家重点文物保护单位
位于：山西省大同市浑源县境内

百姓驱邪镇水的愿望，道家寻求天人合一的理想，使得悬空寺的身世充满传奇色彩。可以说悬空寺是汇集佛教、道教理念的一座寺院。有趣的是，在悬空寺中，还可以找到各种不同宗教信仰相互融合的现象。

　　悬空寺不仅建筑形制堪称一绝，在悬空寺里，还有着独特的宗教氛围。由于悬空寺建于北魏，正值佛教逐渐兴盛的时候，而恒山自古便是道教圣地。因此，佛教的"慈悲为怀"，道家的"师法自然"，还有儒学的"中庸之道"，在悬空寺里都能够找到拜谒的场所。

　　在悬空寺的 17 个殿宇中，有 11 个佛教殿堂，5 个道教宫观，建在全寺最高处的是三教殿，悬空寺是中国最早的三教合一的寺庙之一。据寺里的碑刻记载：从金代开始这里已经是佛、道、儒三教合一的圣地了。

　　三教殿殿内正中端坐着佛祖释迦牟尼，慈悲安详，左边是儒家圣人孔子，微笑谦恭，右边供奉着道教始祖老子，清高飘逸，佛、道、儒三教始祖同在一室，不仅向人们展示着金代高超的塑像技艺，同时三教始祖仿佛在友好对话，交流思想的独特场景，耐人寻味。

　　悬空寺内有各种铜铸、铁铸、泥塑、石雕塑像 80 多尊。其中，大雄宝殿里的三尊脱纱佛像称得上是悬空寺的镇寺之宝，这三尊塑造于金代的佛像，面容慈祥端庄，有着明显的北方少数民族的风格，最为奇特的是，佛像采用独特的工艺技法塑造，每尊只有一公斤左右的重量，可以说是既轻巧又坚固，不会给悬崖上的悬空寺造成负担。

悬挂在悬崖绝壁上的悬空寺，1000多年来巍然矗立，它以其独特的建筑魅力，和丰富的宗教内涵相融合而称道，古往今来，许多文人墨客、专家学者慕名而来。古代有人曾写诗赞叹悬空寺："飞阁丹崖上，白云几度封。""蜃楼疑海上，鸟道没云中。"

735年，诗仙李白游览后，被峭壁之上的古寺深深迷恋，在岩壁上写下了"壮观"两个大字。明代崇祯六年（1633年），著名的地理学家徐霞客游历到此，也写下"天下巨观"四个大字。

1000多年来悬空寺游人络绎不绝。20世纪90年代，42名德国游客慕名前往悬空寺。然而，当他们满怀兴致地在古寺中穿梭时，却遭遇了突如其来的惊险一幕，只见山前滚石飞落，悬空寺剧烈地晃动着，悬崖之上的悬空寺被笼罩在漫天的尘土之中。

原来，42名德国游客在悬空寺中，遇到了一场地震，经测量当时的震中在距离悬空寺仅60公里远的地方，震级在6级以上。那么，悬崖上修建的悬空寺能否逃脱地震的灾难？42名在悬空寺参观的德国游客的命运又将如何呢？他们是否安全？建造于绝壁之上的千年古寺能否躲过这场天灾呢？

据悬空寺的工作人员回忆，中午1点48分，突然间峡谷中发出轰隆声巨响，许多大石块从悬崖的顶端飞落下来，悬空寺所在的峭壁前灰茫茫一片，什么都看不到。

根据当地地震部门测量的数据显示，震中距离悬空寺仅60公里远的地方，震级达到6级以上，浑源县将近三分之一的建筑房屋，均遭到不同程度地损毁。然而，当峡谷的轰鸣声停止，烟雾退散后，人们惊奇地发现，悬空寺竟然安然无恙地矗立在崖壁之上，42名德国游客也毫发无损。

浑源县在历史上曾发生过多次地震。近40年，仅6级以上的地震就有两次，然而，悬空寺在所有这些地震中却安然无恙，究竟是什么原因使这个空中楼阁没有垮掉呢？这就要从悬空寺独特的构造说起。

悬空寺是中国典型的古代木结构建筑，楼阁本身的框架结构，是由木质的梁柱组成，形成一个榫卯结构。榫卯结构就是一根木头凸出的部分，插入另一根木头相同尺寸的凹洞里，这种结构的建筑在受到巨大外力的冲击作用时，部件彼此错动。当外力消失时，又能恢复原状，所以不会遭到彻底破坏。

与西方砖石结构建筑的"以刚克刚"不同，中国传统的木结构建筑在抵抗地震冲击力时，采用的是"以柔克刚"的设计理念，这种巧妙的措施，能够有效地吸收地震扩散出来的能量，保护建筑结构在地震中的完整。

中国许多古代建筑都成功地经受过大地震的考验，如天津市蓟州区独乐寺观音阁、山西应县木塔等建筑，千百年来都经历过多次地震却仍然傲然屹立。然而，令人不解的是，地震中人们看到悬崖上飞石滚落，悬空寺头顶200多米高的悬崖上坠下的巨石，为什么却奈何不得一个小小的寺院呢？

从侧面看，悬空寺所在的翠屏峰的侧面，是一个凹进去的弧形，而悬空寺所在的位置，恰好是翠屏峰的最凹处。所以从山上滚落的岩石，只会从悬空寺的前面直接落到地面，根本砸不到悬空寺。

鸟瞰悬空寺所在的翠屏峰，是一个内收的弧形。对面的恒山主峰也是一个内收的弧形，两座山就像两只手一样包拢着悬空寺。

　　这样不仅悬崖上的落石不会砸到悬空寺，而且使悬空寺的日照时间很短，只有上午能够照几个小时，从而避免了暴晒引起的木材风化。雨季来临时，也能够很好地挡住雨水侵蚀，就是这样精妙的选址，才使悬空寺千百年来能够完好无损地挂在悬崖上。

　　1000多年来无数次的山崩地震，风雨侵蚀，悬空寺始终屹立不倒。这其中不仅融合了中国古代木结构建筑的精髓，而且从它独特的选址，也看得出当年工匠的聪明才智。然而，悬空寺毕竟是挂在悬崖绝壁之上，看着都令人感到惊险，为什么却能够如此坚固呢？

　　恒山地区流传着这样的民谣：悬空寺半天高，三根马尾空中吊。马尾，就是指这些上接楼阁栈道，下至岩石的红色立木。这些立木总共有30根，被分成三组，每根长度大约10多米，分别被设置在两个楼阁和一条栈道下面。给人的第一感觉，悬空寺似乎就是靠这三组立木，支撑在悬崖上的。

　　悬空寺有大小殿堂41间，所有楼阁的底层，似乎从悬崖的立面中凸了出来，看上去楼阁就好像在悬崖上挂着的一样，而且凸出部分的下方，就是这些纤细的立木。难道悬空寺千年不倒的原因，就是因为有这些立木的支撑吗？

　　这些立木直径不超过10厘米，而上方的楼阁重达数十吨，很难起到支撑作用。而且，令人疑惑的是，查阅悬空寺的历史档案，都没有发现关于立木的记载，在翻阅悬空寺老照片时发现，之前的悬空寺栈道上是没有立木的。

据悬空寺当地百姓回忆，栈道下方的这些立木是在几年前才修筑的。由于悬空寺挂在悬崖绝壁，似乎没有任何支撑，视觉上觉得非常惊险，为了让游客放心，才在栈道的下方安置了这些立木。而且，非常奇特的是，就是这些立木，看起来似乎是支撑栈道的，实际上用手轻轻一推，立木便开始剧烈晃动，显然起不到支撑的作用。

从悬空寺的老照片上看，两边的大殿上有几根立木，仅有碗口粗细，只能起到支撑的辅助作用，不可能托起悬空寺如此庞大的建筑群。那么，如果不是这些立木，悬空寺巨大的楼阁和栈道又是靠什么支撑的呢？

考古专家们发现，在所有悬空寺楼阁和栈道下都埋有横梁，这些直径 50 厘米左右的木材好像是从岩石中长出来的一样，这些横梁露在外面的部分大约有 1 米左右，它的上面正好是用木板铺成的走廊，不仅走廊，整个楼阁的底座，也直接压在这些横梁上，专家统计，悬空寺共有这样的横梁 27 根，显然，这些横梁才是支撑悬空寺的关键。

悬空寺下方伸出的立木显然只是一个假象，托起悬空寺的关键应该是从崖壁上长出的这些横梁。可又令人疑惑不解的是，悬空寺周围都是高达百米的悬崖峭壁，这些横梁的架设，古人又究竟是怎样完成的呢？

---

20 世纪 80 年代，中国不少考古学家和古建筑专家都曾对悬空寺进行过实地考察，希望能够揭开这些横梁支撑悬空寺的秘密。

在峡谷南部陡峭的石壁上，专家发现有两排方形石孔，有趣的是这些石孔沿着悬崖，在河道上方一字排开，像是要把人引出山谷。当时一同实地考察的专家中，有中国著名的古建筑学家罗哲文。

罗哲文从这些石孔的排列方式推断，这些木材的插孔，是古人为了能通过绝壁运送物资，修建的古栈道的遗迹。古人在悬崖上开凿石孔，然后将横梁插入其中，再用木板铺平，就建成了一条在山崖上通行的栈道。如今，石孔打凿过的痕迹却还清晰可见。罗哲文认为，悬空寺的横梁也是插入了类似这样的石孔，最终起到支撑的作用。

从悬空寺下方的 27 根横梁来看，横梁的直径和这些石孔十分吻合，然而石孔的深度大约是一米，横梁露出来的长度也是一米，如此推算，横梁的长度可能只有两米，仅仅凭借这两米的横梁，怎么能够使悬空寺在峭壁之上岿然不动呢？

罗哲文认为，悬空寺下边的横梁长度肯定不止两米，如果这些横梁只有两米，那么悬空寺所有这些庞大的楼阁，早已跌下深渊了。横梁露在外边的 1 米，只是它本身的一小部分，大部分的横梁是隐藏在悬崖上的。

现在我们来模拟古人是如何设置横梁的，假设横梁有一米长的距离被打入石洞，露在外边的也是一米。然而，在横梁的下面，是还有一段被隐藏的岩石基座，这部分横梁紧紧依靠在岩石基座上，因此，横梁的总长度不止两米。

也正是这样一个巧妙的设计，使得横梁成为一个杠杆，悬空寺庞大的建筑群恰好利用了这一力学原理，建立在杠杆之上。露出外面的 1 米距离是悬空寺真正悬空的部分，将这部分设计成悬空寺的一个走廊，穿行在走廊上，仿佛真的行走在空中楼阁上一般。

从悬空寺走廊上向下眺望，就好像站在 20 层楼的楼顶上往下看，所不同的是，悬空寺下悬崖绝壁，确实惊险。悬空寺就这样凭着嵌入峭壁中的横梁而悬空矗立了 1000 多年。那么，支撑悬空寺的 27 根横梁怎么会牢牢地插在石洞中，千百年里都没有松动呢？

20 世纪 90 年代，为了维护悬空寺，文物保护部门试图更换悬空寺的部分横梁，却发现无法将横梁从石孔中拔出，这是怎么回事呢？

经过仔细勘探，专家们发现，所有横梁都被做过一种独特的处理：这就是在插入石孔的一段被打上了楔子，打入洞内，楔子会撑开横梁，牢牢卡（qiǎ）在石壁上，它的作用类似于今天的膨胀螺栓，打得越深固定得也就越紧密。悬空寺就这样被牢固地固定在悬崖上，千年不坏。

然而，木结构建筑最致命的缺点，就是保存年限短，加上虫蛀自然风化等因素，能够保存上百年的木结构建筑，本身就已经非常罕见了。

据史书记载，悬空寺从建成至今的 1000 多年里，曾经历过多次大的维修，今天的悬空寺虽然结构和位置并没有发生任何变化，寺内一块清代同治年间的石碑记载，悬空寺木结构的维修最近一次距今已有 140 多年，虽然其中的横梁已经开裂，却没有腐烂，为什么悬空寺保存 1000 多年的木结构，还能够如此牢固呢？

据考证，横梁使用的木头是当地产的一种铁杉木，铁杉木质密坚实，是造船、造车辆的优质木料。横梁能经得起百年风雨侵蚀的关键，还有就是对铁杉木经过了一道特殊的处理，这就是将所有支撑悬空寺的横梁在打入悬崖之前都用桐油泡过，或者一遍一遍地用漆刷，这样可以防止虫蚁的侵蚀，同时使木料更加坚实。

作为悬空寺的支撑，横梁的作用非常关键，然而，建造规模宏大的悬空寺也是一个大规模的工程。那么，这样一个庞大的建筑群是如何被挂在峭壁之上的呢？

根据寺里石碑的记载说，工匠先在山脚下制造出建筑的每一个木结构构件，然后，再把这些构件运到山顶，之后用绳索将这些木构件运到山腰上有横梁支撑的地方，工匠就在这悬崖峭壁上把一个个零件拼接成一组庞大的建筑群。

当所有构件都架设好以后，工匠们还要在建筑与建筑之间铺设栈道，把所有这些单独的建筑连成一体，使人能够在寺中自由穿行，最终就在这绝壁之上建成悬空寺。

行走在悬空寺的楼阁和栈道上，时间仿佛已经停止，只有奔流不息的浑源河和山谷的风声在提醒人们，这组建筑早已和山谷浑然一体，时光流转，正是1500年前的工匠的智慧，在悬崖峭壁之上创造出了这样一个不可思议的伟大建筑。

世界历史上有一座著名的巴比伦空中花园，这个高悬空中的梦幻花园，一直以来被人们传颂向往，遗憾的是空中花园早已不复存在；而一千多年来矗立在悬崖峭壁之上的中国古刹——悬空寺，却一直真实地让人们领略到了悬空建筑的艺术魅力。

飞虹塔

中国各地的古塔、名塔数不胜数，如山西应县木塔、河南开封铁塔、浙江六和塔，都是中国现存最早的古塔。山西广胜寺的飞虹塔与众不同，它有什么独特之处呢？

山西省洪洞县的广胜寺始建于汉代，重建于元代，是中国佛教的重要寺院之一。广胜寺分为上寺和下寺两部分。在广胜寺的上寺有一座宝塔叫飞虹塔，多少年来，人们一直把这座飞虹塔看作是广胜寺的灵魂。

踏入广胜寺上寺的山门，13层琉璃宝塔便呈现在我们的眼前：它呈八角形，13层，通高47.31米，整体造型美不胜收，塔身上的每一个部分可以说都是精湛的工艺美术品，细细观赏、品味，会使你在眼花缭乱之中，惊叹古人的鬼斧神工。

飞虹塔之所以引起人们的赞誉和专家、学者的极大关注，具体说来，就在于飞虹塔有双绝。

宝塔屹立数百年
琉璃称奇飞彩虹
《国宝档案》细说洪洞广胜寺飞虹塔

本集顾问·李兆祥

名称：飞虹塔
规格：八角形，13层
通高：47.31 米
特色：塔体砖砌，外包红、橙、
　　　黄、绿、青、蓝、紫等
　　　七色琉璃构件
年代：汉代至元代
位于：山西省洪洞县广胜寺

飞虹塔第一绝是用七彩琉璃构件镶嵌全身，它是目前中国发现最大、最完整的楼阁式琉璃塔，建成于明嘉靖六年，也就是公元 1527 年。塔身是砖砌的，外包红、橙、黄、绿、青、蓝、紫等七色琉璃构件。纵观全塔，色彩斑斓，华丽美观。

更让人赞叹的是：根据考古资料证明，中国唐朝时琉璃才用于建筑上，到了明朝发展为鼎盛时期，这一时期最好的琉璃产自山西省北部的大同和南部的河津，皇宫紫禁城所用的琉璃就产自这两个地方。飞虹塔刚好是鼎盛时期的代表作。

我们现在生产的琉璃，超过一定时期就会变色、褪色，但是，飞虹塔从建成到现在历经四百多年沧桑，可它的色泽如初，依然鲜艳夺目。凡是来看的人，都认为是刚刚漆过。这不能不让人惊叹中国古代工匠烧制琉璃的技术。据介绍，建造飞虹塔的七彩琉璃，当时烧制了两套，一套用于建塔，另一套埋于地下备用。如果备用的琉璃现在能够发掘出来，那一定又是相当珍贵的国宝了。

所以说，飞虹塔是中国明代琉璃工艺发展的重要实物资料，不但具有观赏性和艺术性，还具有不可替代的历史价值和研究价值。如果您有幸在晨曦和夕阳的映照下看到飞虹塔，就可以领略到飞虹塔奇观，塔身散发出赤、橙、黄、绿、青、蓝、紫七色光晕，宛如一道横空落下的彩虹。

飞虹塔的第二绝是令人惊叹的斗拱装饰。

飞虹塔的建造者利用塔的层数多、出檐多、面多、角多等特点，充分发挥了琉璃构件装饰外部的极大优势。各层斗拱，比翼齐飞；各种图案，争奇斗艳，像一位豆蔻年华的古典少女，婀娜多姿、楚楚动人。我们先来欣赏第一层。

大小连檐为绿琉璃，每个面斗拱下方为垂花柱式。柱脚、普柏枋、垂柱均为绿釉。栏额米黄釉。雀替是绿底、黄线边、上敷金龙。垂花柱下金黄色仰莲与下层围脖脊自然吻接，好像此柱是角柱将每个面分成"面宽三间"样式。

柱上有穿插枋"引出"的僧人耍头样式。这是飞虹塔独有的装饰构件。在八个面的中下方，都装有古式微型琉璃楼阁、殿宇等各种花色构件。有单层式、重檐式、悬山式、十字歇山式。这些建筑之上的小建筑，小巧玲珑、工艺精湛，让人赞赏不已。

从二层以上，塔身外表镶嵌着七色琉璃构建与装饰图形，各层都有塔檐，每一层又都有一组中心图案，或丰富的琉璃佛像、菩萨、金刚力士、塔、盘龙、鸟兽以及各种动物图案花纹佛像、或佛经故事；檐下是琉璃砖仿木构烧制的斗拱、助枋、檐飞等构件。装饰图案各具特色，人物形象传神，造型无一重复。

那么，飞虹塔的名字又是怎么得来的呢？原来塔建成后，美丽的佛塔在阳光下折射出七彩斑斓，状若飞天彩虹，更为凑巧的是，当年募资修塔的达连大师，法号就叫飞虹。因此就把它命名为飞虹塔。

1962年有人又在九层的莲瓣上发现了"匠人尚延禄、张连文、王述章造"，这是迄今为止中国发现的古代琉璃塔中唯一留有工匠题款的建筑精品。

关于飞虹塔还有两个与众不同的特色需要介绍。

第一个是飞虹塔塔中有塔，这是怎么回事呢？

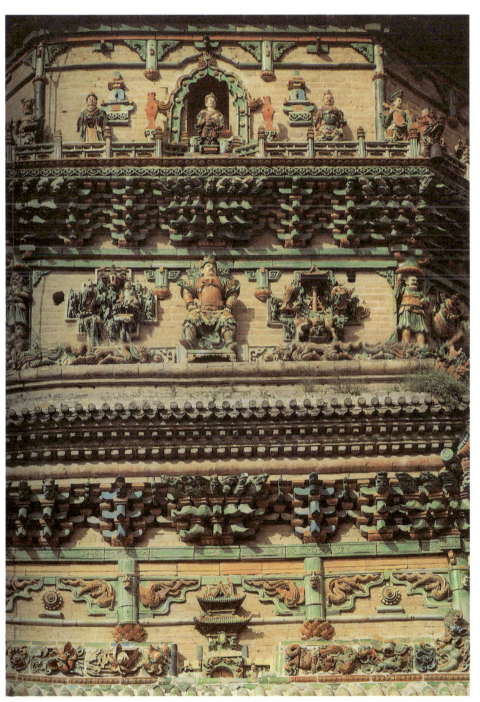

飞虹塔局部

飞虹塔内第三层，还建有一座高近四米的小陶塔。造型为藏式喇嘛塔，分砖式须弥座、塔身、相轮、塔刹四部分。通高 3.45 米。塔身复钵上正南面有火焰式入口。小巧玲珑，别有洞天。这是一个与大塔同一圆心的塔中之塔，也是飞虹塔内部难得一景。民间流传有这样的顺口溜：飞虹塔，琉璃塔；塔上塔，塔下塔；塔驮塔，塔抱塔；肚里怀着塔娃娃。

飞虹塔的第二个特色是它的塔刹，不仅在中国众多的佛塔中别具一格，而且曾经受住了历史上 8 级地震的考验。

那么，飞虹塔的塔刹有什么奥妙之处呢?

刹（chà）是佛教的寺庙。由于古代工匠在建飞虹塔时就考虑到了经受地震的考验。由此塔刹也别具一格，做成一金刚宝座形式。正中一塔作为塔刹的主体，四小塔分立四隅，五塔均为喇嘛塔形式。塔刹顶上有八条铁链拉在塔基上，以保塔身的稳定。由于此塔塔身收分甚大，上大下小，重心稳定，不但经受了多次地震的考验，清乾隆三十四年（1769 年）临汾的 8 级大地震发生，也没遭到任何破坏，显示了飞虹塔设计施工的极高水平。

飞虹塔是广胜寺建筑的灵魂，也是中国目前保存最完整的古代琉璃塔。建塔者将他们渊博的佛学知识、文学知识、美学知识、道德修养，以及高超的传统建筑功力全部倾注在这座塔上，创造了中国古塔建筑的奇迹。

雷峰塔地宫探秘

　　杂草丛生的山坡上，堆积着残砖瓦砾，远远望去这里就是一座荒凉的小山丘。这里与任何一座荒芜的废墟并无差别，谁也不能想象这里曾经忙立过鼎鼎有名的雷峰塔。

　　这就是位于杭州西湖边的雷峰塔倒塌后的遗址，1924 年雷峰塔轰然倒地，此后的 70 多年里，倒塌的遗址作为保护区一直维持着原貌。然而，1999 年年底，浙江省决定重修雷峰塔，由此便引发了对雷峰塔的考古发掘工作。

　　要在遗址上建立一座全新的雷峰塔，出于保护文物的需要，考古工作者决定对雷峰塔遗址进行考古发掘。

　　那么，雷峰塔下到底有什么呢？法海和尚将白素贞镇压在雷峰塔下是家喻户晓的传说，难道这里真的镇压着千年蛇妖白素贞？

　　除此之外，这里还有没有可能存在地宫呢？之所以会有这样的猜想，是因为 1987 年曾经在陕西扶风法门寺塔地宫的发掘中，出土了大量珍贵文物，因此，面对同样为佛塔的雷峰塔，专家猜测，雷峰塔下应该也存在地宫。

　　地宫通常分为两种，一种是帝王的陵寝，用来安放帝王的棺椁，如北京定陵地宫。还有一种则是建立在佛塔下，为

雷峰夕照千年景
鎏金佛塔舍利藏
《国宝档案》探秘雷峰塔地宫

本集顾问·李刚

国宝档案 ◉

167

雷峰塔地宫遗址

珍藏佛祖舍利而建。佛塔地宫是佛塔重要组成部分，通常位于塔心的塔基下方，用以珍藏佛祖舍利，供养法器。

考古工作者用雷达探测后发现，雷峰塔下确实有地宫，因此，2000年新年的钟声刚刚敲响，考古工作者便开始了对雷峰塔地宫的挖掘工作。

70多年的时间，倒掉的雷峰塔早已变成了一座荒凉的小山丘，要展开挖掘工作，首要的任务就是对遗址周围进行清理工作。在清理出大量的残砖废土后，塔身的形制逐渐清晰起来，最令人惊喜的是，在清理塔身残砖的过程中，逐渐看到了出土的佛教文物。

这火焰宝珠是佛教建筑上常用的装饰物。这件狮形垂兽是雷峰塔中最常见的装饰构件，憨态可掬的狮子造型逼真，十分精美。此外，还有刻有铭文的砖，各式的佛教造像，不断出土，带给考古工作者新的惊喜。人们越来越坚信：雷峰塔地宫中一定藏有更重要的珍贵文物。

随着清理工作的深入，雷峰塔的塔基逐渐呈现出来，按常理，地宫的大门应该就位于塔基中心的塔心室下方。经探测，塔心室下方 2.6 米就是地宫口上的石盖板。从保存的现状看，地宫曾经被盗的可能性不大。这大大鼓舞了考古工作者的进一步挖掘。

接下来，就是要清除这块石盖板上的巨石，这块巨大的石头重达 750 公斤，很难想象，在没有现代化工具的古代，人们是怎样将这块巨石安放在这里的。看到巨石，在场所有的人都禁不住会联想：用这样一块巨石压住地宫的入口，难道下面真的镇着千年的蛇妖——白素贞吗？移开巨石会不会真的蹿出一条巨大的白蛇呢？

雷峰塔地宫的发掘引起了社会各界的关注，许多媒体纷纷前往现场报道。当起重机一点点拉起巨石的时候，在场的人都屏住了呼吸。

巨石被缓缓拉起，然而，起重机的钢索突然断裂，巨石狠狠地砸在地上，在场的人都出了一身冷汗，由于事先做好了保护措施，所以有惊无险。重新固定好绳索，巨石最终被缓缓吊起，立在了旁边。

考古工作者立刻开始清理石盖板上的泥土和铜钱，时间一分一秒过去，盖板被缓缓移开，地宫的入口终于显露出来，所有人的目光都聚集在这个幽深的洞口上，现场顿时变得鸦雀无声。

然而，这里并没有传说中的白蛇娘娘，看来传说毕竟只是传说。人们在失望之余，也暗暗松了口气，因为从现场的情况来看，这座1000年前的地宫并没有被盗掘过，所有的一切都显得井然有序，依然保持着千年前的原貌。

　　地宫为单室，面积并不大，长、宽约为0.5米，深约1米，地宫中间摆放着一个巨大的铁函。

　　这锈迹斑斑的铁函里究竟藏着什么秘密？千年尘封，等待开启，每个人都迫不及待想看到铁函里的秘密。

　　大铁函高51.2厘米，由底板和覆盖在其上的铁罩两部分组成，由于铁函占据了整个地宫将近三分之二的空间，因此，许多文物都是倾斜地放在铁函与四壁间的空隙处。这便为挖掘工作带来了很多麻烦。

　　考古工作者小心翼翼地清理铁函周围的泥土，由于地宫曾经浸水，所以提取工作非常困难，在场的各路专家都十分谨慎，生怕这些尘封千年的珍贵文物会有闪失。

　　地宫之门开启8个小时之后，大铁函周围的第一件文物终于被小心翼翼地提取出来，从表面看，这是一尊精美的佛像，下面带有龙形的底座，铸造得十分精美。

　　这面铜镜极为奇特，一般来说，铜镜都求光洁可鉴，以便用来照人容颜，而这面铜镜的镜面上却刻画了人物、楼阁等图案，实在让人费解。

　　4个小时又过去了，大铁函周围又提取出了30多件文物，在这小小的空间里，竟然见缝插针地摆放了这么多文物，实在令人惊讶。

　　夜深了，地宫的挖掘工作连续进行了15个小时，最为激动人心的时刻终于来临了，大铁函从地宫中被缓缓吊出……

在原址上重建的雷峰塔

连续 10 多个小时的考古发掘，大铁函中尘封千年的秘密就要被揭开了，这令所有的工作人员忘记了疲倦，兴奋异常。那么，大铁函里到底尘封着什么呢？

在恒温的仓库中，锈迹斑斑的大铁函被去掉了铁罩，清理了表面的铁锈后，考古人员小心翼翼地、慢慢地开启了铁函。在场的人都期待着这个尘封千年铁函中的秘密。

名称：鎏金银佛螺髻发塔
年代：五代十国
级别：国家一级文物
现藏：浙江省杭州市西湖雷峰塔舍利馆

只见一座鎏金银塔出现在人们面前：塔高 35.6 厘米，塔身四角各有一片山花蕉叶，呈三角柱形矗立，各面上都有人物形象。塔身正中矗立着五重相轮，相轮上饰有忍冬、连珠等纹样，十分精美，保存得非常完好。

看来，这座鎏金银塔就是雷峰塔的秘密所在了。那么，它究竟为什么被尘封在雷峰塔下达千年之久？又是谁将它保存在这里的呢？

在清理雷峰塔残砖瓦砾的时候，一块石碑的出土，成为打开地宫秘密大门的钥匙，这就是雷峰塔的建造者——吴越国国王钱俶（chù）所撰写的碑文。

这块残碑上不但记载着雷峰塔建造者的名字，还揭示了雷峰塔千年的秘密都隐藏在那座鎏金银塔中。

根据碑文的记载，雷峰塔的建造者是公元 10 世纪、中国五代十国时期吴越国的国王钱俶。五代十国时期是一个动荡的年代，唐朝灭亡后，取而代之的是一个藩国割据的年代，史称五代十国。位于今天浙江省境内的吴越国是当时的一个小国，国王钱俶十分崇信佛教，他在位期间，修建了大量的石窟、经幢，兴建的寺院宝塔更是不计其数。

公元 974 年，赵匡胤讨伐南唐，南唐后主李煜向钱俶求救，然而钱俶并没有出兵相助，而是帮助赵匡胤夹攻南唐，南唐灭亡了，可唇亡齿寒，吴越国也朝不保夕了。就在吴越国自身也难保的时候，钱俶竟然大兴土木建造起了雷峰塔。

吴越国在风雨飘摇的末年，钱俶为什么还要建造一座佛塔呢？

专家解读了碑文上的文字后，真相终于被揭开。原来，修建雷峰塔是为了供奉佛祖释迦牟尼的螺髻发舍利。

通常所说的舍利就是指佛祖释迦牟尼的遗体火化后结成珠状物，后人将高僧火化后所得的结晶体也称为舍利。

佛教创始人释迦牟尼涅槃后，弟子们将佛祖的遗体焚化后，肉骨结成珠状物，佛教徒称为佛舍利，也称舍利子。佛头发烧成之物称佛发舍利，烧过的佛牙称佛牙舍利。佛牙舍利与发舍利最稀少也最为珍贵。

尽管吴越国面临亡国的境地，但是钱俶对佛教的信仰却至死不渝，他认为佛祖能保佑他平安无事，保佑他的吴越国渡过劫难，因此，他不惜花巨大的人力物力兴建雷峰塔。可让人遗憾的是，雷峰塔建成后仅一年左右，钱俶便交出国土，归顺了北宋，从此搬离了杭州，再也没有回到故土。

钱俶死后被葬在了北方，因此一直没有人知道雷峰塔的秘密，更不知道雷峰塔还有地宫和秘密保存着的佛螺髻发舍利。中国自古就传说着白娘子和许仙凄美的爱情故事，人们都认为雷峰塔下镇着白蛇，却想不到地宫中真正藏着的是这座精美的佛螺髻发舍利塔。

这座精美的舍利塔为纯银打造，虽历经千年却依然熠熠闪光，从下到上共分为四个部分：依次为底座、塔身、塔身四角耸立的蕉叶状山花、塔身正中的五重相轮的塔刹。

塔身呈方形，四面的圆拱形龛内雕刻着许多佛传故事。这一幅幅生动的画面为我们展示了众多佛本生的故事，从佛陀诞生到成道、出家，佛祖生平重要的场面都一一被展现。

这一幅描绘的是佛陀诞生的故事，这是佛陀削发出家的场面，这是佛陀在菩提树下觉悟成道的故事，每一幅画面都是一个浓缩的佛教故事。

塔身的四角各有一只金翅鸟，金翅鸟是古代印度传说中的大鸟，也是佛陀的护法神鸟。塔身的最上层则装饰着兽面纹和忍冬草，镂空处可见里面的金质容器，这便是装着佛螺髻发舍利的黄金棺。

为了更好地保护文物，这座舍利塔并没有被开启，我们只能从花纹的缝隙中，隐约看到中间小小的金棺。

四角的巨大山花蕉叶上也雕刻着佛传故事：最上面的是醒目的塔刹，塔刹由刹杆、五重相轮、火焰珠和宝葫芦构成。高高耸立的塔刹又为这座舍利塔增添了几分神圣和庄严。

整座舍利塔通体光亮如新，鎏金的人物表面熠熠生辉，精美的纹饰和精巧的做工让人赞叹。1000多年前的舍利塔竟然制作得如此精美，彰显了吴越国国王钱俶对佛教的虔诚。

如今，保存有佛螺髻发的舍利塔被供奉在雷峰塔下的舍利馆中。舍利馆前，香气缭绕，虔诚的人们都来到这里一睹舍利塔的真容；而舍利馆中，默默伫立着的精美的舍利塔则继续为世人讲述着雷峰塔的传奇故事……

雷峰塔地宫被评为2001年中国十大考古发现之一，佛螺髻发舍利塔的出土也为这座极具传奇色彩的佛塔又增加了一份神圣。

故宫九龙壁

在中国古老传统的建筑中，照壁又称影壁，通常建在皇宫和大门内外，有砖雕的、泥雕的、彩绘的，还有琉璃的，其中琉璃照壁色彩艳丽，造型生动，艺术价值最高。中国现存有三大琉璃九龙壁，这就是山西大同九龙壁、北京北海九龙壁和北京故宫九龙壁。

九龙飞舞显示皇家威严

雕龙木腹隐藏制作秘密

《国宝档案》给您讲述《故宫九龙壁》的故事

本集顾问·李先登

中国有三大九龙壁，两座在北京，这就是北海九龙壁和故宫九龙壁。巧的是，北京的这两座九龙壁都是清朝乾隆皇帝修建的，我们的故事就从乾隆说起吧。

乾隆皇帝是中国历史上一位赫赫有名的君主，同时又是一位生活奢靡的皇帝。乾隆60岁那年，他下旨大兴土木，在故宫里为自己修建颐养天年的场所——乾隆养老区。养老区规模宏大，包括皇极殿、宁寿宫、养生殿、乾隆花园等建筑群。在皇极殿前，还专门修建一座大型的琉璃照壁——故宫九龙壁。

接到修建九龙壁的圣旨，清宫造办处自然不敢有半点怠慢，马上召集全国的能工巧匠设计图样，研究烧造技术。工匠们加班加点，日夜劳作，眼看九龙壁就要完工了，却发生了一件意想不到的事情。这到底是怎么回事呢？原来，这里面还有一个扣人心弦的传说故事。

在设计九龙壁的时候，设计者大胆采用了浮雕塑造技术，同时选用了黄、蓝、白、紫等亮丽的颜色，这样烧制出来的九龙壁，造型精致，色彩华美，立体感强，然而，烧制的难度却大大增加了。

九龙壁正面的图案是用 270 块彩色琉璃构件拼接成的，每一块构件都要经过成型、上釉、烧制等复杂的工序才能制成，由于工艺要求高，烧制难度大，稍有不慎就会成为废品。工匠们经过反复的试验，不知花费了多少心血，度过多少不眠之夜，终于烧制成功了全套 270 块彩色琉璃构件。

270 块彩色琉璃构件被小心翼翼地运进故宫，工匠们进行最后的拼装工作。开始，一切都还非常顺利，可当组装到从东面数第三条白龙时，工匠突然发现出了问题，白龙腹部的一块琉璃构件不知什么原因被损坏了，怎么也拼装不上，这突如其来的事故让在场的人都傻了眼。赶快补烧一块吧？不行。皇帝规定的交工日期马上就要到了，再烧，已经来不及了。如果不能按时交工，大家就都有掉头的危险！工匠们急得团团转，却想不出补救的办法来。

正在大家焦虑不安的时候，有位木匠急中生智，想出了个主意，他冒着欺君之罪的风险，连夜用木料雕刻了一块龙腹，补钉上去，又刷上了白油漆。拼装后的白龙，腹部严丝合缝，不仔细观察还真的看不出破绽。

九龙壁按时完工了。在百官的陪同下，乾隆皇帝来欣赏九龙壁。就见九龙壁由须弥座、壁身、庑殿顶三部分组成，

名称：故宫九龙壁
年代：公元 1772 年（清朝乾隆年间）
尺寸：高 3.5 米，长 20.4 米
位于：北京故宫博物院

高 3.5 米，长 20.4 米，整座照壁用彩色琉璃嵌砌而成，壁面装饰着九条巨龙，九条龙神态各异，昂首摆尾，翻腾自如，各戏一颗宝珠，飞腾在波涛云际之中。有诗这样赞誉九龙壁：九龙盘拿戏骊珠，云雾冥冥蜃气孤。恍惚电光来破壁，半空飞出所翁图。

乾隆皇帝龙颜大悦，越看越喜爱，越看越欣喜。白色的假龙腹不但瞒过了前来验收的官员，就连乾隆皇帝的"龙眼"也没有看出破绽。多亏这位心灵手巧的木匠，工匠们才避免了一场杀身之祸。

许多许多年之后，一次偶然的机会，人们发现了木头龙的秘密。不过，当年修建九龙壁的工匠们早已不在人世了，白龙腹部那块琉璃构件是怎么损坏的，已经成为永久的秘密。如果仔细观察，就会发现九龙壁上的装饰很有趣，九龙壁上有九条龙，龙有五爪，庑殿顶上有五条脊，当中的正脊上有九条游动的行龙，斗拱之门采用五九四十五块龙纹垫拱板，拼装九龙壁一共使用了 270 块彩色琉璃构件，数字 270 也是九五的倍数，总之，一切数字都与九和五有关，这是为什么呢？

中国人习惯把皇帝称为九五之尊。九是阳数中最大的数，五是阳数中居中的数，在封建社会，九五之数就成了皇权和天子的代表。九龙壁的设计和装饰处处都显示着皇权和天子的尊严，所以一切数字都和九五有关。

乾隆皇帝对九龙壁情有独钟，他一生共修建了北海九龙壁、故宫九龙壁两座大型九龙壁。现在就让我们把这两座九龙壁做一个详细比较吧：

故宫九龙壁建于 1772 年，北海九龙壁建于 1756 年。故宫九龙壁比北海九龙壁晚修建 16 年；

故宫九龙壁是单面九龙壁，只有一面装饰着龙的图案；北海九龙壁是双面九龙壁，两面都装饰着龙的图案；

故宫九龙壁高 3.5 米，长 20.4 米，北海九龙壁高 5 米，长 27 米，故宫九龙壁显得小巧玲珑，婀娜多姿；

故宫九龙壁仿照北海九龙壁建造，但在设计上也有自己的独特之处，特别是第五条龙，龙身呈团龙状，为九龙壁中所特有。

200 多年过去了，经历了风风雨雨的故宫九龙壁，依然气势磅礴，光彩耀眼。来故宫参观的游人，都要在这里驻足，欣赏这座精美绝伦的建筑，赞叹它无与伦比的艺术成就。

北海九龙壁

在北京城的中心，有一座山清水秀、风景如画的古典园林，这就是闻名中外的北海。波光粼粼的水面，临水而建的一组精巧建筑是五龙亭，五龙亭以北，天王殿西侧，有一座驰名中外的九龙壁。壁上的九条蟠龙，飞腾戏珠于波涛云海之间，蜿蜒夭矫，姿态各异，栩栩如生。

北海九龙壁，高6.5米，厚1.2米，长27米，体魄巨大精美，壁上嵌有山石、海水、流云、日出和明月图案，其中最为醒目、最为耀眼的是九条蟠龙。

但是，九龙壁上就真的只有9条龙吗？仔细看去，龙在壁上到处都是，每条龙姿态各异，造型独特。那么九龙壁上到底有多少条龙呢？

仔细观赏北海九龙壁，才知道除了壁前壁后各有9条醒目的戏珠蟠龙外，壁的正脊、垂脊和其他一些建筑构件等地方都有龙的踪迹。九龙壁顶呈"庑（wǔ）殿式"，有一条正脊，四条垂脊，正脊前后各有9条龙，垂脊左右各有一条龙，正脊两侧有两只吞脊兽，它的身上前后也各有一条龙，这样五条脊上就有30条龙。

往下每块瓦当下面镶嵌的琉璃砖上，也各有一条龙，壁四周共有筒瓦252块，陇垂251块，龙砖82块，加上跃于云雾之中的18条蛟龙，就有633条龙了。

再仔细看，在正脊两侧"吞兽脊"下，东、西还各有一块"烧饼形"的瓦当，上面也各有一条龙。这样算来，北海九龙壁上总共有635条龙。

北海的九龙壁建于清乾隆二十一年，也就是公元1756年。建后的九龙壁雄浑壮观，虽历经200多年风雨侵蚀，颜色依然十分鲜艳。《前清旧王孙南北看》一书记载了这样一个传说，北海九龙壁的龙是有灵性的，第九条龙曾经动了起来。

这是怎么一回事呢？

唐鲁孙在《前清旧王孙南北看》一书中提到，1756年的一天，北海九龙壁前佛光普照，空场上摆放着香案、香炉，香案前有一黄色的蒲团，一高僧端坐在蒲团之上，数百人在虔诚观看，一派庄严肃穆的景象。

原来，西藏密宗高僧正在给九龙壁开光。当满天祥云缭绕、晚霞映红了半边天际时，奇迹出现了。有人把手帕丢到第九条龙的头部，就见此龙通了灵性，龙眼、龙须都动了起来，把手帕吸着不放，仿佛要从壁上腾飞到天空。

书中记载的当然只是一个传说，但是却反映了中国人希望龙具有灵性，能够保佑大地风调雨顺的良好愿望，同时也说明北海的九龙壁做工是何等的精湛。

其实九龙壁的龙并不会动，但是它还真的能给人飞动的感觉。每当正午阳光掠过，光影纵横、龙腾海上，九条龙就仿佛动起来一样，栩栩如生。这种现象的产生，还要归功于琉璃砖。九龙壁运用当时中国独一无二的七彩琉璃砖，它颜色鲜艳，经久不退，加上光的反射作用，还真能让观者觉得龙好像活了起来。

那么，九龙壁使用的琉璃砖有什么样的历史和特点呢？

北海九龙壁用七彩琉璃砖造成，砖色分为黄、紫、白、蓝、红、绿、青等七色。南北两壁，每壁用长方琉璃砖200块拼组镶砌而成。每层40块，共有5层。

琉璃工艺是以陶土为胎，施以玻璃釉，再入窑烧制而成的一种工艺品。据中国历年各地古墓出土的实物证明，战国时期已经出现了琉璃工艺。到了宋代，出现了真正的琉璃工艺。明清以来，烧造琉璃的技术更加发展，釉色从黄蓝绿三种发展到翡绿、孔雀蓝、紫晶、黑白等十余种。北京的琉璃厂是烧制琉璃的有名作坊之一。

中国共存古代九龙壁三座。最大的一座在山西大同，建于明永乐年间；另一座在北京故宫，建于清代；第三座就是北海的九龙壁，建于清乾隆年间，是三座九龙壁中，建造最为精美的一座。建造九龙壁的起源说法不一。那么，北海九龙壁究竟是怎么建造的呢？

第一种说法是明朝万历年间，也就公元16世纪，神宗皇帝的生母李太后为保护大西天经厂而筑的。也就是说，九龙壁并不是一处独立的建筑，主体建筑是大西天经厂，九龙壁不过是经厂前的一座琉璃影壁墙。

第二种说法是清朝的乾隆皇帝，曾经来到山西大同城内明朝的代王府，看到王府门前有一座九龙壁，端详半天，暗暗记在心里。乾隆回到北京后，传旨京城名匠样式雷入朝见驾。样式雷不敢怠慢，急忙入宫，乾隆皇帝下旨，要样式雷仿造代王府门前的九龙壁再做一座九龙壁。样式雷揣摩着乾隆的意思，精心准备，过了一段时间，把制作的烫样呈给了乾隆。乾隆看到样式雷的九龙壁双面有龙，而且双面都是九条飞龙，应和了大清王朝万年长久的意思，龙颜大喜，厚赏样式雷，降旨工部依样建造。

不管是哪种说法，九龙壁确实曾经是大西天经厂前的一座影壁。那么，大西天经厂又是怎么一回事呢？

大西天经厂在今天北海的西北部，建于乾隆二十年（1755年）。以前，这里曾是皇家进行佛事和储藏大藏经雕的场所。据记载，乾隆皇帝还把自己视若珍宝的《大藏金刚般若波罗蜜经》活字雕版，保存在大西天经厂的43间藏经版库内。

过去从藏经版库到宝风云亭，穿过"大圆镜智宝殿"，殿前是一座"真谛门"，显得较为空旷。自从在门前建造了九龙壁，九龙壁就成为"真谛门"前的一座坚固雄伟的照壁。

那么主体建筑大西天经厂又到哪里去了呢？公元1919年，一场突如其来的大火将大西天经厂、大圆镜智宝殿、真谛门等主体建筑烧得荡然无存。火灾过后，大西天经厂已是一片废墟。奇妙的是，九龙壁却完好无损地耸立着，成为大西天经厂的唯一标志，也成为中国龙造型琉璃艺术品的杰作。

名称：北海九龙壁
高：6.5 米
厚：1.2 米
长：27 米
位于：北京北海公园

铜仙承露盘

在北京北海公园琼岛西侧的山腰中，竖有一根雕龙汉白玉石柱。柱顶立有一铜人，双手高举承托着一个铜盘，叫做铜仙承露盘。铜仙承露盘，铸于清代，相传，它是清乾隆皇帝根据一个典故命人铸造的。那么，铜仙乘露盘是做什么用的？这个典故又是什么呢？

《国宝档案》讲述铜仙承露盘背后的故事

承载着长生不老的梦想 却引出曲曲折折的传奇

本集顾问·吴梦麟

北海公园位于北京故宫西北部，东靠景山，南临中南海，北接什刹海，是辽、金、元、明、清五个朝代修建而成的帝王宫苑，已有900年历史，是中国现存最古老、最完整、最具综合性和代表性的皇家园林之一。

北海公园内有许多景点和文物，铜仙承露盘就是其中之一。铜仙承露盘也叫做仙人承露盘，它的来历可谓是大有名堂，也有着许许多多的故事，这就首先要从汉代说起。

传说，汉代人相信神仙可以降露人间，饮服神露，能使人长生不老。对于这种说法，有一个人坚信不疑，他就是汉武帝刘彻。为了神仙降露，武帝下令在长安建章宫内建造神明台，高约67米，上面再铸造铜仙人双手捧铜盘，以此来求得仙露。

其实承露盘中承接的仙露，不过是早晚由于温差凝结在盘中的水蒸气。汉武帝就把这些凝结的水珠，当成了长生不老的仙露，将承接下来的露水交由方士。方士再将露水和美玉的碎屑调和而成后，让汉武帝服下，并且告诉汉武帝这样就能长生不老了。可是公元前87年，汉武帝还是死了。

虽然不能使汉武帝长生不老，但铜仙承露盘如果保存至今，肯定是一件难得的工艺品。遗憾的是，汉朝灭亡以后，魏明帝曹叡，也就是曹操的孙子，下令将铜仙承露盘从长安搬迁到洛阳。

可没想到，在搬迁途中铜仙承露盘就被彻底损坏了，最后破损的部件也被丢弃得不知所终了。这段历史被《三国志》《汉晋春秋》等很多文献记录，就连四大名著之一《三国演义》的第一百零五回"武侯预伏锦囊计，魏主拆取承露盘"中，对这段历史也有描述。

唐朝的著名诗人李贺读到这段历史后还大发感慨，写下了《金铜仙人辞汉歌》一诗，其中"天若有情天亦老"，成为后人们广为传诵的名句。

根据《汉晋春秋》记载，魏明帝曹叡派人搬迁移动铜仙承露盘时，"盘折，声闻数十里"，可想而知，铜仙承露盘是遭到了破坏性的损害。时至今日，汉武帝建造的仙人承露盘早已下落不明，仅仅只是历史文献上的一段文字记载，造就了这桩找不到文物的谜案。就此我们似乎明白了乾隆就是以这个典故命人铸造承露盘的，但是，事实是否是这样的呢？乾隆是否要效仿汉武帝呢？

名称：铜仙承露盘
年代：清朝乾隆时期
位于：北京北海公园

今天，北海公园的铜仙承露盘坐落在高台之上，四周有汉白玉石栏环绕，中间竖立着蟠龙汉白玉石柱，龙柱顶端站立着一个铜制仙人，身着秦汉时期宽衣大袖服饰，面向北方，双臂舒展，高举着一个铜制荷花形托盘。这是清乾隆命人建造的。

中国有个著名的传统相声段子，叫做《官场斗》，主要讲的是清朝的刘墉与和珅一奸一邪两个人之间官场争斗的故事。在这个相声段子里对建造仙人承露盘有一段有趣的描述。

有一天，乾隆皇帝见和珅做寿，勾起他的心事来啦。一想：自己已然60了，转眼就奔70，人生七十古来稀呀，能不能使自己活得更长些呢？

乾隆想找个人商量一下这个事情，一琢磨，满朝文武就属刘墉最有学问。于是召来刘墉。乾隆问刘墉怎么才能够延年益寿，长生不老。刘墉虽然学问大，当时却不知道如何回答是好。正在这个时候，和珅有事来拜见乾隆。和珅心生一计。忙上前对乾隆说：当年汉武帝曾设"铜仙承露盘"，皇帝不妨效仿，用承露盘获取天明前的甘露，拌以玉粉，连饮七七四十九天，定能延年益寿。

乾隆一听，觉得这主意不错。于是立即传旨：在北海修建铜仙承露盘。

后来乾隆还真喝了承露盘承接的露水，不过还是被刘墉及时阻止了，没有发生太大的问题。

按相声《官场斗》的说法，铜仙承露盘就是这样被建造出来的。但事实却不是这样，铜仙承露盘只不过是乾隆思古怀今，大发感慨而命人建造的。在乾隆皇帝所作并书写的《塔山北面记》里有一段："西为铜露盘，铜仙竦双手承之，高可寻尺。"可见在北海，这个仙人承露盘是一件乾隆钦命铸造的艺术品，并非他想长生不老而特意建造接露水的。

　　流传至今，人们仿佛能从这件清朝建造的承露盘身上，看到汉代的承露盘的影子。看着将盘子举过头顶的铜仙，好像也就看到了古老的中国从汉朝走到清朝的那段悠远的历史。

　　时至今日，铜仙承露盘依旧静静地耸立在北海之中，每当晨光掠过、云雾缭绕，乘露盘中仍然凝结出许多水珠，银光闪闪，煞是好看。

颐和园长廊

在北京颐和园万寿山南坡与昆明湖之间的狭长地带，有一条全长 728 米，共 273 间的中国古典园林中最长的游廊。长廊还是一条五光十色的画廊，廊间的每根枋梁上都绘有彩画，共 14000 余幅，色彩鲜明，富丽堂皇，它的长度和丰富的彩画在 1990 年就被收入了《吉尼斯世界纪录大全》。那么，如此壮观秀丽，美不胜收的长廊是因何而建的呢？

风景秀丽的北京颐和园，有一条彩色的画廊，这就是名传天下的长廊。它临昆明湖、傍万寿山、蜿蜒曲折，长廊之上，雕梁画栋，一幅幅斑斓的彩画，更使它绚丽无比，风采迷人。那如此壮丽的长廊是因何而建的呢？

传说，颐和园修建好以后，慈禧每年都有一大半的时间要在这里"颐养天年"。开始的时候，慈禧很是喜欢颐和园的江南景色，然而时间一长，就什么都不觉得新鲜了，尤其是慈禧每天要从寝宫乐寿堂出来到湖边散步，起初在路上还看一看左边的水、右边的山，到后来竟厌烦得哪儿都不想看了。慈禧心想：一眼望去山水全在眼前，四季不变，真是没意思，如果在湖边建造点儿什么，让我走一步就看

廊长锁诸景
画美故事多

《国宝档案》带您领略颐和园长廊的风采

本集顾问·苑洪琪

国宝档案

193

名称：长廊
长度：728米
年代：清朝乾隆年间
位于：北京颐和园
全国重点文物保护单位

一个景色该多好。那建造点儿什么呢？她一时也没有想好。一日，心情烦闷的慈禧又要出去散步，王公大臣们忙顺从并伴其左右，当一行人走到万寿山下的南坡时，老天爷竟不分时候地下起了雨，太监李莲英慌忙上前撑起雨伞并顺势观察了一下慈禧的脸色。没想到，此时慈禧的脸竟由阴转晴了，李莲英正在纳闷，慈禧说话了："雨伞真好，不仅可以遮风挡雨，还让我看到了另外一番景致。"众人不解。回到寝宫后，慈禧立即召见了工匠，将自己的想法告诉了他。不久，在万寿山的南坡与昆明湖之间出现了一条长长的走廊，这就是由慈禧授意修建的既能挡风遮雨，又可以欣赏一步一景的颐和园长廊。

传说是否真实呢？这还得从颐和园的前身清漪园说起。1750 年，乾隆皇帝以祝母亲六十大寿为名，开始动工兴建清漪园，1765 年基本完工，历时 15 载。在这 15 年当中，乾隆曾四下江南，这四次南巡他不仅把母亲带在身边，而且清漪园的建造完工又与这四次南巡也有着密切的关系。

1751 年农历二月初八，江苏淮安春光融融，千里黄河，波平浪静。突然，黄河北岸鼓乐大作，河上千船并发，彩旗遮天蔽日，上千侍卫伫立船头，簇拥着船队中间那条巨大的皇帝御舟缓缓前行。与此同时，"吾皇万岁"的呼声惊天动地。御舟之上，一位身披黄袍的中年男子站在众人中央，这就是乾隆皇帝，这是乾隆一生中的第一次江南之行，与其同行的还有他的母亲孝圣皇太后。乾隆皇帝一直对祖父康熙六下江南羡慕不已，说"江南名胜甲天下"，希望"眺览山川之佳秀，民物之丰美"，尽管如此，此次南巡他却是打着奉太后巡幸的旗号进行的。

南巡中，江南秀丽的湖光山色使乾隆如醉如痴，每每遇到自己或皇太后喜欢的景物，就令画师记录下来，回銮后就大兴土木，在清漪园中仿建，长廊就是乾隆模仿苏州园林中的游廊为母亲游园、散步而建，长廊上的山水画多为临摹的江南景色，而廊间的人物画多出自《红楼梦》《西游记》《聊斋》等中国古典文学名著中的故事。廊间建有象征春、夏、秋、冬的"留佳""寄澜""秋水""清遥"四座八角重檐的亭子，起伏有致。漫步于长廊之上，一路古柏夹道，步移景异。先赏廊间绚丽多姿的彩画，再观周边湖山美景，即使皇太后雨中游园，也无须走一步湿地，烈日下观景也晒不到一丝阳光。

在随后的十几年中，乾隆皇帝又带母亲三次南巡，随着南巡次数的增多，不仅清漪园的建筑多了起来，乾隆的"孝子"美名也享誉天下了。后来，皇太后年龄实在太大了，再也无法经受千里辛苦，乾隆才将南巡之事暂时停止，兴建清漪园的工程也随南巡的暂停而告一段落。

1860 年，英法联军攻入北京，一场大火不仅烧毁了圆明园，也烧毁了清漪园，长廊自然没有幸免于难，大火后只剩下了 11 间半。

1886 年，当人们对清漪园的残垣断壁渐渐淡忘了的时候，一组名为"昆明湖水操学堂"的建筑率先修建在了昆明湖畔，紧接着，在清漪园的废墟上，宫殿、楼阁、廊桥又奇迹般地复现在湖山之间，雕梁画栋，风采气派不减当年，这就是慈禧为自己"颐养天年"而修建的颐和园。长廊也是这个时期重建的，重修长廊时，慈禧特意派人前往江南临摹山水，补

画了廊间的彩画。我们现在看到的长廊彩画，是新中国成立
后维修长廊时按原样重新绘制的。

　　看来慈禧日久生厌建长廊还真是一个传说，因为长廊在
清漪园时就已经存在了，建造颐和园时慈禧只不过是重修了
长廊而已。

　　颐和园的长廊时直、时曲，直处，似乎能看到尽头，走到尽头
它又随着山水之势转去，由于巧妙地运用了游园人的心理，所以走
在长廊上感觉比实际长度还要长，行进于这条驰名中外的长廊之上，
在赏画、观景的同时，会让人油然而生一种怡然怀古的别样情趣。

颐和园长廊

颐和园铜牛

2003 年 5 月，北京市投资 1 亿元人民币，按照修旧如旧的原则，以现存的清朝光绪时期《耕织图》为依照，修复了颐和园内的"耕织图景观"。早在清朝乾隆年间修建时，《耕织图》就被誉为颐和园中的"织女"，寓意"男耕女织"。那么，有了织女就肯定缺不了牛郎了。颐和园铜牛就被誉为颐和园"牛郎"。

金色铜牛立湖畔
静观沉浮两世纪
《国宝档案》和您颐和园中聆听铜牛传奇

本集顾问·李先登

在颐和园昆明湖东堤，十七孔桥的东侧，有一处独特的景物，一头大小和真牛相仿的铜牛蜷（quán）卧在雕有波浪的青石座上。铜牛体态优美，两耳竖立，昂首凝眸，目光炯炯地遥望着颐和园的远山近水。

颐和园的铜牛铸造于清乾隆二十年，也就是 1755 年，铸造精良、形象逼真，牛背上刻有乾隆手书《金牛铭》。《金牛铭》上写道："金写神牛，用镇悠永……敬兹降祥，乾隆乙亥。"中国古代把铜也称作金，人们也就称铜牛为"金牛"，就连下令铸造它的乾隆皇帝，也这么叫它。

没想到"金牛"的称呼延续下来，差点给了铜牛惹来了杀身之祸……

1900 年八国联军入侵北京后，大肆烧杀抢掠，皇家园林、王宫府第无一幸免。

据传说，在进入颐和园之初，就已经有侵略者听说这里的昆明湖东岸有只金牛。一想到足足有一头牛般大小的金子，他们立刻红了眼睛。十几个士兵坐在一起商量，一定要将金牛弄到手！

一个狂风呼啸的夜晚，八国联军手持刀枪破门而入，北京颐和园顿时火光漫天。按照事先准备好的地图，那一队觊觎铜牛的士兵，毫不费力地来到了铜牛的面前。黑夜中，他们举起手中的火把，金光灿灿的铜牛更被照得通体发亮。

贪婪的侵略者顿时欢呼雀跃，立刻盘算起怎么运走这只金牛。可是，拖动一只真牛也要两三个人费尽力气，更何况这只铜牛！十几个士兵费尽力气，还是没能抬起铜牛，便想到了割掉牛头带走。

一个士兵举起刺刀，猛地向铜牛砍去，只听"当啷"一声，铜牛背上砍出了一个口子。士兵凑近想看看口子有多深，却发现了一点异样。原来，铜牛本就不是金子所铸，划开一个口子就显露出了铜的质地。

看到铜牛不是金子的，10 多个士兵都傻了眼，唾骂着离开了昆明湖岸，去抢别的宝贝了。就这样，铜牛躲过了大劫，幸存了下来。

被砍了一刀的铜牛，历经枪林弹雨的沧桑岁月，仍然看守在昆明湖畔，注视着时代变迁，讲述着那段叫人无法忘怀的历史。

几经浩劫，颐和园的文物遭到了不同程度的破坏，铜牛仍旧是静静地注视着昆明湖，丝毫未动。走过这里的人都不禁会问，为什么要在昆明湖的岸边放置一只铜牛呢？

名称：铜牛
年代：清朝乾隆年间
现存：北京颐和园

关于昆明湖岸边放置铜牛的原因，相关记录不甚详尽，大致有两种说法。

第一种说法是一个传说，说颐和园昆明湖东岸的铜牛是牛郎的化身，西堤的农业景观耕织图，则是织女的化身。牛郎织女以"天河"相隔，演变到颐和园中，昆明湖也就成了天河。

相传，一年七夕前夜，慈禧梦到铜牛跃入水中向织女奔去。早上一觉醒来，她觉得这个梦实在太怪了，便立刻起驾颐和园。见到铜牛还在岸边，慈禧放心了，可又怕铜牛会跑，便命人以铁链将铜牛锁住。后来，还有人传说，虽然后来铜牛没有走成，但为了跨河与织女相见，它还是努力挣扎以致折断了尾巴。

1860 年，英法联军入侵北京后，颐和园的前身清漪园被侵略者烧毁，织耕图也没能幸免。1888 年，慈禧太后不顾国人的反对，挪用北洋水师的经费，在颐和园前身清漪园的遗址上修建了颐和园。可是，她没有恢复织耕图建筑，还在西面修建了围墙，把织耕图的遗址划在了围墙外。有人说，慈禧就是不希望颐和园的铜牛再跑去找织女，才故意不修织耕图的。

2004 年 5 月，北京市依原样修复了耕织图，使得牛郎织女恢复原貌，再次隔湖深情对望，继续书写着颐和园中牛郎织女的故事。

不过，传说毕竟是传说，第二种说法才比较科学可信。原来，铜牛放在昆明湖岸边，是有镇水的寓意和测量水位的作用。

相传，当年大禹治水时，为防止河水再次泛滥，每治理一处水患，就铸造一只铜牛沉入河底，人们认为牛识水性，入水的铜牛就可以镇住水怪，不让它再兴风作浪，危害百姓。后来，用铜牛镇水的习俗被延续下来，代代相传，经过长期的演变，人们不再把铜牛沉入水里，而是把它放置在河岸边。

刻在铜牛背上的《金牛铭》，也说明了将铜牛放置岸边，和镇水的习俗有关。其实，对于防止水患，铜牛有很强的实际作用。因为在清朝，它是被作为测量水位的标尺来使用的。

在200多年前的清朝，颐和园万寿山一带到处是大小湖泊和河流。夏季，大雨过后常常发生水灾，东堤地势低洼，汹涌的河水有时会漫过湖堤。根据测量，昆明湖的东堤比北京故宫的地基高10米，一旦发生大水灾，就会对紫禁城造成很大的威胁，所以每到雨季，就有专人以铜牛的地基为标尺，昼夜观察昆明湖水的涨落，一旦水位接近铜牛的地基，就预示着湖堤难保，需要快马向皇宫报告，及时采取防洪措施。

故事也好，传说也罢，流传至今，颐和园铜牛一直静静地守护在昆明湖东岸，成为了颐和园的一个标志，更成为了一件国之瑰宝。

虽然经历了2个多世纪的风吹雨打，铜牛依然如新铸造的一般，特别是铜牛背部的《金牛铭》篆书文字，没有一个笔画缺损残坏。今天，人们把铜牛看成是一件珍贵的艺术品，它和铜亭、铜麒麟、铜狮子一样有名，成为来颐和园游览的人必看的独特景物。

揭秘灵渠

万里长城是中国第一位完成统一大业的千古一帝——秦始皇下令修建的一项举世闻名的伟大工程。可是，很少有人知道，秦始皇在位时，除了在北方修建了长城，在中国的南方也修建了一个巨大的工程，这就是灵渠。如果说长城让人想到的是金戈铁马的话，灵渠则体现了顺应自然、造福人类的和谐。

灵渠位于广西壮族自治区桂林市的兴安县境内，它有着许多闪亮的称号，是全国重点文物保护单位，被列为世界文化遗产，还与四川的都江堰、陕西的郑国渠并称为中国最古老的三大水利工程。

灵渠建成于公元前 214 年，距今已有 2200 多年的历史，却仍然老当益壮，造福子孙，这本身就是一个奇迹。郭沫若先生称灵渠与长城南北呼应，同为世界奇观。

灵渠的修建前后长达 4 年之久。那么，秦朝时，为什么要修建这样一座水利工程呢？

公元前 221 年，秦始皇灭北方六国，统一中原。之后，

青山簇簇　长堤柳树啼鸣众

碧水悠悠　客舟聚散泊岸旁

《国宝档案》为您揭开广西灵渠的奥秘

本集顾问·左志强

他又雄心勃勃地发兵 50 万，南征百越，也就是今天的广东、广西、福建、浙江地区。

战场上，素以骁勇善战著称的秦军在两广地区却屡战屡败，兵士伤亡惨重。这是什么原因呢？

原来，岭南地区地形复杂，秦兵的粮草是经长江，沿洞庭湖，顺着湘江运往南方。然而，船到湘江上游水路就没有了。这里山路崎岖，靠人挑马拉根本无法将粮草运到前线。

俗话说，兵马未动，粮草先行。只有解决了粮草问题，才能保证战争的胜利。

岭南地区主要有两条著名的江。漓江发源于猫儿山，由北向南流，属珠江水系；湘江发源于海阳山，从南向北流，属长江水系。两江平行流过，如果开凿运河使两江连接，不就解决水路运粮的问题了嘛。

然而，话说着容易，事情做起来很难。要想在沟壑纵横的山脉中劈山修渠，无异于愚公移山，对于紧急的战事而言也是非常不利。

那么，古人是如何攻克一个又一个的工程技术难题，最终修成了灵渠呢？

首先要解决的是选址问题。灵渠的地点被选择在了广西的兴安。

为什么将灵渠修在兴安？兴安县境内的烈土岭是南北两大水系的分水岭，湘江上源海洋河与漓江上源大融江都从兴安流过。

大融江有一条支流，叫始安水，它距海洋河最近处只有 2.5 公里，如果在这里开通一条接通海洋河的渠道，是最省时省力的。

名称：灵渠
年代：公元前 214 年修建
级别：全国重点文物保护单位
世界文化遗产
位于：广西壮族自治区
桂林市兴安县境内

原来，始安水水位高出海洋河6米，如果在这里开渠，河水将全部流向海洋河，没有水流入大融江，漓江下游就会枯竭了。

聪明的设计师在海洋河上游，找到了水位高于始安水位几米的美潭，在这里筑坝，并用渠道将两水接通，两水系的水位差问题就解决了。在测量仪器还没有出现的秦代，能找到这样一条渠线，着实令人钦佩。

灵渠不只在选址上非常科学，在整个结构中，每一个看似简单的工程其实都充满了奥妙，即便在科技如此发达的今天，仍然令人惊叹。现在就让我们一起边走边看，去一一破解灵渠的玄机。

灵渠分南渠和北渠，全长共34公里。这是一个灵渠的全景模型图，从模型图上我们可以看到，灵渠最主要的工程是天平坝、泄水天平和陡门。它们各司其职、相互协作，最终完成了分水、泄洪、控制水量等作用。

天平坝是整个灵渠的核心部分，上游流过来的湘江水在这里被一分为二，左边的是北渠，流入湘江；右边的是南渠，汇入漓江。

灵渠的天平坝为什么建成人字形？为什么一边长一边短？天平坝建成一个人字，形成约95度角。这是因为，河水对坝身的冲击力很强，人字形的堤坝避免了正面受力，将正面压力变成分力，有效地保护了天平坝。

天平坝大小天平的比例约为7:3，这样就将湘江水三七分流。三分水分到漓江，七分水分到湘江。为什么要三七分流呢？

灵渠鸟瞰

　　原来，灵渠北渠宽，南渠窄，按这个比例分配水量，南北渠都可以保持水深 1.5 米左右，适合通航。

　　天平坝坝顶略低于渠顶，当洪水到来，南北渠道容纳不了的水便漫顶而过，起到一定的泄洪作用，剩余的水被有效地三七分流，平衡水量，分毫不差，天平坝的名字也是由此而来。

　　灵渠的天平坝构造为什么横竖交错？天平坝高 3.7 米，有 2 米左右在河床下，宽约 17 米。

　　天平坝由三部分构成：一是坝底的基础。全部用长约 2 米的松木打成排桩。因为松木有松脂油，在水中浸泡时间越长越牢固，有"水泡万年松"的说法。

　　坝的迎水面用重达数吨的长条石横砌。每两块长石条相连接处凿两个形似燕尾的凹槽，用生铁铸成铁码子，紧紧地

灵渠天平坝

打入石槽中，这样天平坝就连成了一个钢铁长城，用来抵挡洪水的冲击。

再看天平坝的坝面，是用条石层层叠叠竖着插入，外表看形似鱼鳞，称为"鱼鳞坝"。河中的泥沙渗入到石块缝隙间，利用水的反作用力，水越大，石块就连接得越紧密，整个大坝就越坚固。

灵渠的天平坝设计巧妙，它有效地实现了两江汇流，而且坚固耐用。不过，天平坝除了自身坚固外，它还有一个强有力的护身符，是什么护身符呢？

灵渠主要由天平坝、泄水天平和陡门组成。它们各司其职、相互协作。人字形的天平坝将水三七分流，实现了拦水、分水和泄水三大功能。

沿着天平坝往前走，会发现一个长 100 多米、高 1 米多的石质工程，它就是天平坝的护身符，叫铧嘴。

铧嘴前锐后钝，就像农家犁田的犁铧，所以被称为铧嘴。上游洪水冲刷而下，先冲压到铧嘴上，再缓冲到大坝上，用它披波分流，进一步减少坝面受水的直接冲力，铧嘴有效地保护着天平坝。

滚滚湘江自东来，水被铧嘴和天平坝一分为二，注入南北渠。北渠开凿在平原上，却开成弯弯曲曲的，古人形容它"江流恰似九回肠"。从北渠口到湘江，直线距离 2 公里，而北渠的渠道长达 4 公里。从施工来说，开成直线不是更省劲儿吗？

北渠为什么开造成弯弯曲曲的？原来，北渠水位落差达 7 米。如果渠道开凿成直线，落差大、水流急，强烈的下切

灵渠夕照

作用会掏空渠底，天平坝三七分流将失去作用，海洋河水会全部流入湘江。将北渠渠道设计呈"S"形迂回曲折流入湘江，流程延长一倍，落差也减小约一倍，这样南来北往的船就可以顺利通航，保证安全了。

灵渠的天平坝设计科学。然而，光有个坝肯定是不够的，水量一年四季都不同，水量过大时，如何防洪？

这里是灵渠的滚水坝，也被称为泄水天平。在南北渠的不同渠段，都建有泄水天平，南渠有泄水天平、马嘶桥泄水天平。北渠有一道泄水天平，叫回龙堤。

灵渠多余的水通过三道泄水天平，泄入湘江故道，起到控制水量，使渠内的水位保持正常的状态，确保灵渠的安全。

那么，如果水量过小，又该怎样保证船只不搁浅，正常航运呢？

聪明的古人在灵渠上修建了陡门。陡门的作用类似于船闸，因为一般建在渠道浅窄、水流湍急的陡峭位置，所以被称为陡门。

渠道两岸用巨型条石砌成半圆形的陡盘，陡盘边立有一根系船的石柱，叫将军柱。

船只逆流而上的时候，陡门的作用最明显。当船只开过陡门后，把船拴在将军柱上，然后关闭陡门，依次放下小陡杠、底杠、面杠，再搭上马脚、水拼和陡箪，在陡箪等的阻碍下，渠水升高，船也随水长高。高到一定程度，船就可以继续行驶了。

灵渠南渠

船只顺水而下的时候，陡门的使用原理相同，开启陡门后可以助船一臂之力，行驶得更快。

灵渠最多时有 36 座陡门。灵渠的陡门是世界上年代最早、最灵巧的船闸，被誉为世界运河船闸的始祖。现在让我们再来回顾一下灵渠的原理。

灵渠主要由天平坝、泄水天平和陡门组成。从湘江上渠流下来的水，经天平坝被三七分流，七分水经北渠流入湘江；三分水经南渠汇入漓江。当水量过大时，南北渠的泄水天平将一部分水泄入故道，保持水量平衡；当水量过小时，放下陡门蓄水，利用水涨船高的原理，保证船只正常通航。

灵渠将本来平行而互不相通的湘江和漓江连接起来，使南来北往的船只通过灵渠的南渠和北渠来往于长江和珠江水系。

随着灵渠的修成，公元前 214 年，秦朝设置岭南三郡，至此完成了统一中国的伟业。

战争结束后，灵渠在经济上的巨大作用也发挥出来，转而变成了一条通商的航道。灵渠沟通了长江和珠江两大水系，南海的盐、云南的铜可经过灵渠运往中原，而中原的铁器、农具、粮食、布匹也可以经灵渠运到南疆。灵渠促进了南北经济的繁荣，同时，对于巩固南疆，加强汉族和南部少数民族的融合也起到重要作用。

除航运外，灵渠还起着灌溉作用，据统计，灵渠灌溉的稻田不下万亩。

灵渠设计构思巧妙，在当时技术和力量受到限制以及恶劣的自然条件下，古人仅靠肩扛手推，筑大坝于洪流之中，辟长渠于荒岭之间，使湘漓分派，让北水南调，这千古伟业需要付出多少艰辛。如今坐在船上，仿佛还能听到铁锤的声响，灵渠流淌着建造者的意志和血汗。

千百年前，灵渠曾经舟船摩肩接踵，现在的它澄清碧绿，静静地镶嵌在山石绿林之间。据专家介绍，大约从汉代开始，灵渠的南渠两岸就已开始有人家居住。这里因依灵渠水而成街，所以被称为水街。

水街两边的木构建筑青砖黑瓦、雕梁画栋，色调素雅，门前摇曳的竹灯笼简洁明朗，古色古香。蜿蜒的渠水袅袅，似真似幻地倒映着万物，分不清哪是景哪是水，流动的旋律使一草一木都赋予了灵气。

两岸居民世代生活在灵渠岸边，他们的生活与秀丽婉转的灵渠融为一体，也为灵渠增添了一抹宁静柔和的韵味。

灵渠已有2200多年的历史了，和它兴建时间大致相同的灌溉系统，都因为沧海桑田的变迁，或湮没、或失效了。可是灵渠却一直完好有效地运行着，充分体现了中国古人的聪明和智慧。

侗族木构建筑营造技艺

中国有 56 个民族，每个民族都有自己的民族特色，侗族人最擅长的就是木结构的建筑了，他们盖房子可有一套绝活，木材都是以榫卯连接，而不用一根钉子。广西壮族自治区的三江侗族自治县的木结构建筑物就是典型的代表。

榫卯巧接载日月
沧桑尽话风雨桥
《国宝档案》和您欣赏侗族木构建筑技艺

本集顾问·杨泉忠

行驶在崎岖的山路上，随处可见田野村寨错落有致，保持着传统农耕特色的平静与祥和。深秋的山区，稻田金黄、林木苍翠，旋转的水车与连绵的青山倒映在水中，宛如一幅自然天成的画卷，令人仿佛走进了仙境一般。

从地图上看，侗族主要分布在贵州省、湖南省和广西壮族自治区的交汇处，这些地区降水充足，树木茂密，因此，为了过河行路的方便，随处可见以木石结构相结合的大桥小桥。

侗族人多选择依山傍水的风水宝地建村寨，大大小小的村寨连成一片，吊脚楼排列得整齐有序，充满了特有的民族风情。在这里，最有特色的要数鼓楼和风雨桥了，可以说有

侗族鼓楼

寨必有鼓楼、有河必有风雨桥，因为桥上有廊、有亭，既可行人，又可避风雨，故称风雨桥。

不论是雄伟的鼓楼、风雨桥，还是小巧的吊脚楼，所有的木结构建筑物都是以榫卯连接，而不用一根钉子，实在是令人称奇。2006 年，侗族木构建筑营造技艺被列入第一批国家级非物质文化遗产名录，2007 年，侗族木匠杨似玉被文化部授予这一技艺的传承人。

经过长途跋涉，我们终于来到了广西三江侗族自治县林溪乡平岩村岩寨，这里就是木构建筑技艺的继承人杨似玉的家乡。

杨似玉的爷爷和父亲都是侗族地区十分有名的木匠，他们曾经修建了数十座鼓楼和风雨桥。木构建筑中最有名的程阳风雨桥便是杨似玉的爷爷带头修建的。

在杨似玉的带领下，我们首先来到了寨子里的鼓楼。在侗族的村寨，鼓楼就是全寨的中心。古时候，侗族人每到一个新的定居地，都要遵循古训：先修鼓楼，后起房立屋。也就是先规划出居住地，然后就开始修建鼓楼，鼓楼建好后才开始修建房屋。

从远处看这座雄伟的鼓楼像一棵枝繁叶茂的杉树，杉树是侗族地区生长最好、数量最多的树木，而且杉树被砍了以后根不会死，还可以长出更多的小树，因此，侗族人认为杉树是树仙，象征着生生不息，把它作为吉祥树。鼓楼的木材就是取材于杉树，因此也把鼓楼建成了杉树的形状。

在侗族人心中，鼓楼拥有神圣的地位，它建在全寨的中心，象征着太阳和月亮，其他房屋呈放射状建在鼓楼的周围，代表着星辰。所有的房屋都可以看到鼓楼的飞檐，也都能听到鼓楼的鼓声。整个村寨的布局宛如天体分布图，充满了神秘的色彩。

每当有外敌入侵时，人们就会敲响鼓楼中的鼓，全村的男女老少听到鼓声，都会拿着武器跑出家门共同抵御外敌的入侵，体现出团结一致的精神。

除了可以报警，鼓楼在侗族村寨中，有着重要的社会功能，全村的重要事宜都在这里商议决定。可以说鼓楼既有军事功能又有政治功能。鼓楼为什么会有这些重要的作用呢？在侗族三江地区就流传着这样一个传说。

从前，侗族地区人口稀少，夏人的时候，人们吹芦笙，冬天就围着火讲故事唱歌，以此娱乐。于是，大家就商量，应该建一个公共的娱乐场所。

当时有一户人家，有兄妹三人，大哥叫阿板，二姐叫楼妹，弟弟叫阿泽。聪明的弟弟阿泽提出要用杉树造一座高大的木楼，全村人都觉得这个提议好，于是纷纷捐木材帮助他修建。

木楼建好后，哥哥阿板又做了一面巨大的鼓安放在楼上，因为有鼓有楼，因此人们就称它为"鼓楼"。

心灵手巧的二姐楼妹拿出自己织的侗锦和精美的竹器挂在鼓楼里，使鼓楼变得更加美观了。人们都称赞楼妹不但人长得漂亮，手更巧。

当时，寨子里的财主儿子听说了楼妹不但漂亮，而且织得一手好侗锦，便起了歹意，决定抢楼妹做新娘。但是楼妹已经与寨子里的一个小伙子互生爱慕之情，因此坚决不答应嫁给财主的儿子。

这一天晚上，楼妹和自己的心上人爬上了鼓楼，敲响了鼓，寨子里的人不知道发生了什么事，赶紧都跑到鼓楼来。

楼妹告诉了大家事情的经过，请大家替她做主。最后村民制止了财主儿子的恶行，并让他受到了惩罚。

此后，鼓楼不但成了全寨人商议大事的重要场所，也肩负起了报警的功能。

鼓楼本身是宝塔式的建筑，在上面打鼓可以传得远，听得清楚，如果有敌人来入侵，可以在第一时间通风报信。然而到今天，鼓楼的这一军事功能已经消失了，人们已经不需要用鼓楼来传递信息了，但它仍然是全寨的中心，每逢节庆或有重大事情，人们都会在鼓楼聚会。

随着杨师傅走进鼓楼，我们看到鼓楼里有一个玻璃柜，王师傅用钥匙打开了柜门，里面竟然锁着一台电视机。在这个全寨中心的鼓楼里，这样一台现代的电视机是做什么用的呢？

完全以榫卯连接建成的鼓楼，本身就是建筑史上的一个奇迹，而鼓楼在侗族人心中的重要地位，更是不可替代的。那么，鼓楼里安放的那台电视机到底有什么意义呢？

看到我们好奇的眼光，木构技艺的传承人杨似玉告诉我们：如今，鼓楼作为通风报信的功能已经消失了，现在的鼓楼其实更多的是人们活动的娱乐场所。人们经常在这里举办一些娱乐活动，也会聚集在这里收看电视节目。每逢有重大的节日，或者有重要的客人到来，都要在这里举办百家宴。家家户户都拿出自己的拿手好菜，一起聚在鼓楼庆祝。

大大小小的村寨多以一个兜为单位构成，兜就相当于汉族中的一个姓氏。兜有兜老，如果是一个兜一个寨，兜老就是这个寨子的最高首脑；如果是多个兜居住在一个寨子，就

侗族木构技艺传人杨似玉

在兜老中选出一位德高望重的寨老作为最高首脑。兜老、寨老根据寨里的规定处理村寨事务，义务为人们服务。

不管是多大的村寨，寨子里都建有鼓楼巍然挺立于侗寨之中。鼓楼飞阁垂檐、气势雄伟，层层而上呈宝塔形。这些鼓楼虽然类型不完全相同，但也是有规律可循的。鼓楼一般有正方形、六边形、八边形的，而没有单数的；立面则是奇数重檐，少则一层，多则 15 层，高度可达 20 多米。鼓楼的下半部分建得宽大，成为集会大厅的形式。

看着如此高大的鼓楼，很难想象这样的建筑物竟然完全是以榫卯连接，而不用一根钉子。杨似玉师傅告诉我们，鼓楼建成后，势必坚固稳定，可达数百年不朽不斜。

到底是什么样的神奇工艺，能让它巍然屹立不倒呢？我们跟随着杨师傅仔细地看起了这座鼓楼。鼓楼用杉木为材料，采用榫卯穿斗构架为主的结构方式。除了第一层为了伸展和装修立有撑柱外，整个鼓楼采用四根中柱支撑，中柱又称作主承柱，中柱立于鼓楼中央，直伸亭顶。略小的 12 根杉木作檐柱，又叫作边柱，构成楼身支架。

从下面望上去，可见中柱拔地而起，排枋纵横交错，上下吻合，采用杠杆原理，层层支撑而上，严密坚固。

心灵手巧的侗族木匠巧妙地运用力学原理建筑房屋，实在让我们惊讶。但是，杨师傅告诉我们，侗族木匠从小就是随着师傅学手艺，根本没学过力学等科学知识，都是在实践中掌握的技艺。

比如，要建一座鼓楼，木匠师傅会根据场地的大小，仅凭目测就可以知道鼓楼应建在什么位置，建成之后多高多大，用多少根柱子。

不仅如此，木匠师傅每一个洞眼开的多深、多长、多宽，心里都要有数，一斧子下去，不能有一点偏差，高超的技艺实在让人惊叹。

　　然而，更让我们吃惊的不止这些，杨师傅告诉我们，他们建筑鼓楼、风雨桥等建筑物，是从来不用图纸，也不会事先画图设计的。

　　盖房子事先不画图纸，这让人听了总觉得不放心，这样的房子建出来能稳固吗？侗族木匠师傅的确就有这样的本事。他们建鼓楼、风雨桥从来不画图纸，一根小小的竹竿就是他们的图纸。

　　杨师傅手里拿的这根小小的竹竿，木匠师傅叫它"香竿"。香竿一般用毛竹破开制成，把毛竹的表皮刮去后，里面是金黄色的竹质，它光滑而且易蘸墨，既易于书画又易于涂抹。

　　我们不仅感到纳闷，这小小的竹竿就可以用来代替图纸吗？

　　杨师傅告诉我们，香竿的长度根据房子高矮而定，通常与房子中柱的高度成比例。这上面的神奇符号就是木匠师傅的密码了。原来，侗族木匠在世世代代的实践中，创造出了一种独特的建筑文字，代代相传。经常使用的侗家建筑文字有十三个：前、后、左、右、上、下、中、天、土、挂、梁、方、柱。在建筑的过程中，只要对着这些符号，一根根柱子，一条条穿方的卯眼、榫头，很快就画出来了。仅凭着这十三个文字，就能毫厘不差地将建筑物建好，这不能不说是世界建筑史上的奇迹。

名称：程阳风雨桥
年代：1912 年
国家重点文物保护单位
位于：广西三江侗族自治县

杨师傅告诉我们，除了鼓楼，侗族最有特色的木构建筑还有风雨桥，风雨桥同样是榫卯结构建成，建桥也是不用画图纸的。

　　接着，杨师傅带着我们来到了坐落于广西三江侗族自治县林溪乡马安寨的程阳风雨桥。远远望去，这座桥显得雄伟壮丽。桥上有五座亭楼，分别立于五个石墩上。中间的亭楼为八角攒尖顶，它两边的两座则是四角攒尖顶，最外边的两座则呈殿形楼阁。五座亭均有五层飞檐，并通过桥廊屋檐巧妙地连接在一起。

　　桥梁要有一定的承重能力，完全以榫卯连接的桥能让行人、车辆安全通过吗？我们不禁有些疑惑。杨师傅告诉我们，虽然这是一座木桥，但它至少可以承重 200 吨，实在让人惊讶。

　　杨师傅说，这座风雨桥始建于 1912 年，于 1924 年建成，桥长 77.76 米，桥道宽 3.75 米，桥面高 11.52 米，是自己的爷爷杨唐富带头修建的。如今依然在使用。

　　然而，这样一座建筑史上的结晶，却在 1983 年的一场洪水中惨遭劫难，滔天的洪水冲垮了风雨桥，面对着残破的风雨桥，侗族人的心中充满了悲伤……

　　面对着被洪水冲垮的风雨桥，寨子里的人并没有气馁，他们要让风雨桥重新屹立在水面上。那么，他们是怎么做的呢？

　　侗族人的村寨之间多是靠桥梁连接，这一地区河流众多，因此，桥的连接作用十分重要。风雨桥除了便于交通往来之外，还可以供行人躲避风雨，歇息乘凉。然而，这只是它的外在功能，它还有一个功能就是"堵风水，拦村寨"。

侗族人建房子是很讲究地势风水的，当村寨所处的地势风水不尽如人意时，便要建一座桥，堵风水，拦村寨，从而使村寨免遭灾难，确保村民平安幸福。

同时，侗族人还认为，侗寨都是依山傍水而建，河水从村边流过，"财源"易受冲，因此，钱财不易积累起来。所以，桥多是建在寨子的下游，用桥拦住寨子，财源就不会外流了。

桥在侗族人心中还有一个十分重要的地位。在侗族人心中，桥是生死转换的媒介。他们认为，在阴间与阳世的交界处，有一条河，它的名字叫阴阳河，河上有一座桥，世上所有的人，无论是生人还是死人都要渡过这座桥。当人转世时，要从阴间过桥去阳世，当人死后又要从阳世经过这座桥去阴间。因此，桥在侗族文化中有着不可替代的作用。修桥被认为是积功德的事情。

1983 年，一场罕见的大洪水铺天盖地而来，冲垮了程阳风雨桥。寨子里的人眼看着残破的桥，心里十分难过。村寨里的百姓自发到河的下游去打捞风雨桥的木头，期待着可以把桥重新修起来。

木头是找回来了，可是这桥该怎么修呢？杨似玉的爷爷当年修建了程阳风雨桥，他的父亲杨善仁也曾经重修过风雨桥，但是，杨善仁已是古稀之年，重修的重任落在了当年只有二十几岁的杨似玉身上。

当时杨似玉的木工活已经十分纯熟了，但是修建风雨桥对他来说，还是一个挑战。

杨师傅带领着工匠历时 20 个月，终于让程阳风雨桥恢复了原貌。这样巨大的工程，杨师傅却分文不取。在侗族人心中，修桥是积功德的事，都是义务的，不拿酬劳。但是寨子里的百姓是不会忘记修桥师傅的功德的。

程阳风雨桥几经风雨依然屹立在河上，来往的行人在此乘凉休息，实在是惬意。这座风雨桥的最大承重力可达 200 吨，相信每个人心中都有个疑问，侗族木匠师傅究竟是用什么方法让木桥有如此大的承重能力呢？

我们随着杨师傅走近风雨桥，听他解密风雨桥的建筑结构。风雨桥集亭、台、楼、阁于一身，既变化多样，又协调一致。从结构上看，大致可以分成三个部分，桥的下半部分是青石块砌成的桥墩；中间部分是密布式悬臂托间柱支梁木质桥面；上半部是木质梁柱凿榫衔接构成重檐翘角、廊亭体系。

杨师傅并没有学过力学等知识，只是学习祖辈留下的木工经验，在实践中学习的建筑方法。但是建筑学的专家告诉我们，侗族师傅修建的风雨桥采用的建筑体系，非常巧妙地运用了力学的原理。

风雨桥的下部分采用了跨孔悬臂托架简支梁，形式上参差、错落的几根木头，却蕴含着神奇的协调力量，为建筑学家所叹服。这种利用托架以减少支架跨距的办法，广为现代桥梁设计师所采用，而侗族木匠师傅却在很早以前就能熟练地运用，实在令人惊叹。

走在桥上，可以看到风雨桥的内部结构，柱、挂、梁、枋纵横交错，上套下接，组合成绝妙的力学方程式，既富有节奏，同时还给人以别致和谐之感。

如今，风雨桥不但是侗族人遮风避雨的场所，村寨里的人也把侗族特有的侗绣、竹编等具有民族特色的手工艺品拿到这里来卖，让来风雨桥参观的游客更加了解具有侗族特色的艺术。

不管是风雨桥，还是鼓楼，都是侗族的象征，这些个性独特的建筑不但带给人美的享受，更让人惊叹于木匠师傅的高超技艺。完全以榫卯连接，不用一根钉子，也不用建筑图纸，却让一座座雄伟而坚固的建筑物拔地而起，实在令人赞叹。

杨师傅告诉我们，他让自己的儿子在学习木工的同时，也学习了用电脑绘图，这样，就改变了以往言传身教的局限性，从而可以把侗族木匠的手艺世代流传下去，让这项古老的技艺发扬光大。

侗族木构建筑营造技艺已经被列入第一批国家级非物质文化遗产名录，杨似玉师傅被授予这一技艺的传承人，祝愿这项古老的技艺发扬光大。

读书手签

读书手签